CW01672828

La grammaire *est un jeu*

Dans la même série

Le français est un jeu, Librio n° 672
L'histoire de France est un jeu, Librio n° 813
L'anglais est un jeu, Librio n° 814
La science est un jeu, Librio n° 815
La géographie est un jeu, Librio n° 833
La mythologie est un jeu, Librio n° 834
La littérature est un jeu, Librio n° 837
La philo est un jeu, Librio n° 860
Le XXe siècle est un jeu, Librio n° 861
L'espagnol est un jeu, Librio n° 862
Paris est un jeu, Librio n° 876
Le théâtre est un jeu, Librio n° 880
La culture est un jeu, Librio n° 881
L'économie est un jeu, Librio n° 890
Le Bac français est un jeu, Librio n° 897
La psychologie est un jeu, Librio n° 904
L'histoire de l'art est un jeu, Librio n° 917
Le corps humain est un jeu, Librio n° 918
L'italien est un jeu, Librio n° 920

Eve-Marie Halba

La grammaire *est un jeu*

150 questions pour être en règle avec la grammaire

Librio

Inédit

La collection *est un jeu* est dirigée par Pierre Jaskarzec.

LUI : Et à la place des choses essentielles que vous supprimez ?
MOI : Je mets de la grammaire.

DIDEROT, *Le neveu de Rameau*

Sommaire

Introduction

La grammaire peut être comparée à une pièce de théâtre[1]. On a recours à un metteur en scène, des héros, des confidents, des personnages secondaires, des régisseurs pour que la représentation se déroule bien.

Le metteur en scène est le verbe, il est le maître de la distribution et place les personnages dans le présent, le passé ou le futur.

Les héros sont les noms et pronoms qui construisent l'action.

Les confidents sont très proches des noms : les articles les précèdent en annonçant leur genre et leur nombre ; les adjectifs les accompagnent en précisant leurs qualités.

Les personnages secondaires sont les adverbes qui s'associent au verbe, à l'adjectif ou à un autre adverbe.

Les régisseurs participent au bon déroulement de la pièce : les conjonctions placent sur un plan d'égalité (coordination) ou de hiérarchie (subordination) les mots et les phrases ; les prépositions relient les verbes, les noms et les adjectifs.

Cette équipe bâtit des pièces solides : les propositions subordonnées. Les essentielles et circonstancielles complètent le verbe, les relatives complètent le nom.

Entrez dans les coulisses de ce jeu grammatical !

Eve-Marie HALBA

1. Chaque chapitre empruntera son titre à une pièce de théâtre.

1

Papa doit manger [1]

La conjugaison de l'indicatif

Le verbe constitue le noyau de la phrase. Il est donné dans les dictionnaires sous sa forme d'infinitif, les difficultés de conjugaison sont généralement signalées.

À l'indicatif, on distingue trois périodes temporelles : le passé, le présent et le futur : *il jouait / il joue / il jouera.*

Les verbes ont des formes à un élément : les « formes simples » : (*il joue*). Les « formes composées » sont construites avec un auxiliaire (*être* ou *avoir*) et un participe passé (*il a joué*).

Il y a six personnes pour conjuguer le verbe, trois au singulier et trois au pluriel :

personne	**sing.**	**plur.**
1re pers.	*je*	*nous*
2e pers.	*tu*	*vous*
3e pers.	*elle, il*	*elles, ils*

L'indicatif présente le plus grand nombre de formes.

formes simples	**formes composées**
(présent) *elle / il joue*	(passé composé) *elle / il a joué*
(futur simple) *elle / il jouera*	(futur antérieur) *elle / il aura joué*

1. Pièce de Marie N'Diaye, auteure contemporaine d'origine franco-sénégalaise, prix Goncourt en 2009.

(imparfait) *elle / il jouait*	(plus-que-parfait) *elle / il avait joué*
(passé simple) *elle / il joua*	(passé antérieur) *elle / il eut joué*

Bien connaître la conjugaison du verbe est indispensable pour pouvoir maîtriser la grammaire.

1. On classe les verbes en trois groupes : ceux du 1er groupe se terminent en *-er* (*jouer*), ceux du 2e groupe en *-ir* (*finir*), ceux du 3e groupe en *-re* (*prendre*) ou *-oir* (*savoir*). À quel groupe appartient chacun de ces verbes ?
voir, rester, apprendre, convenir, pâlir, fournir, appeler

2. Au présent, les trois personnes du pluriel se construisent sur une même base : *nous pâlissons, vous pâlissez, ils pâlissent.* Parfois, la base est différente : *nous venons, vous venez, ils viennent.*
Les verbes *finir, tenir, aller, avoir* ont-ils la même base ?
❒ oui ❒ non

3. *Il vient de partir* exprime :
❒ le passé proche ❒ le futur proche

4. Quels sont les indicatifs passés simples dans cette liste ?
j'aimai, tu finis, nous vînmes, ils furent venus, je parlais
Les plus courageux préciseront le groupe de chaque verbe et le conjugueront complètement.

5. Formez les formes composées à partir de ces formes simples :
je sais, il pleut, tu commandais, tu verras, je compris, nous sentîmes

6. De nombreuses terminaisons verbales se ressemblent. Conjuguez les formes suivantes.
parler, indicatif imparfait, 2e pers. du sing. : ....
participer, indicatif passé composé, 2e pers. du sing. : ....
considérer, indicatif passé simple, 1re pers. du sing. : ....
sembler, indicatif futur, 2e pers. du plur. : ....

7. La conjugaison des verbes à la 3e pers. du sing. est usuelle. Connaissez-vous d'autres personnes ?
il devint, 2e pers. du plur. : ....

il appelle, 1re pers. du plur. : ....
je dis, 3e pers. du plur. : ....
nous médisions, 2e pers. du sing. ....

8. Quelle(s) différence(s) entre *je cuisinais* et *je cuisinai* ?
a. Les terminaisons se prononcent différemment.
b. Ce sont deux modes différents.
c. Ce sont deux temps différents.

9. Les verbes du 2e groupe confondent, à l'indicatif, les formes du passé simple et du présent.
❒ vrai ❒ faux

10. Certaines consonnes des terminaisons verbales ne s'entendent pas.
Écrivez les formes suivantes :
rompre, 1re pers. du sing. de l'indicatif présent : ....
coudre, 2e pers. du sing. de l'indicatif présent : ....
vaincre, 3e pers. du sing. de l'indicatif présent : ....
balayer, 3e pers. du plur. de l'indicatif présent : ....
étudier, 2e pers. du sing. de l'indicatif futur : ....

11. La plupart des verbes en *-eter* et *-eler* doublent les consonnes *l* et *t*. Corrigez, si nécessaire, ces formes :
a. *nous appelerons, que j'appelle, que nous appellions.*
b. *nous jeterions, vous jetez, tu jettais.*

12. Quelques verbes en -eter et *-eler*[1] ajoutent un accent grave sur le *e* qui précède. Corrigez, si nécessaire, ces formes :
a. *nous avions martèlé, tu martèles, nous martèlions.*
b. *vous étiquèteriez, qu'ils étiquetent, j'étiquetai.*

13. Les deux phrases suivantes ont-elles le même sens ?
Louis de Funès fut un modèle pour beaucoup de comédiens.
Louis de Funès était un modèle pour beaucoup de comédiens.
❒ oui ❒ non

1. Ce sont les verbes : *acheter, béqueter, bourreler, ciseler, déceler, dégeler, démanteler, écarteler, étiqueter, fureter, geler, haleter, harceler, marteler, modeler, peler, receler.*

Réponses

1. 1er groupe : *rester, appeler* ; 2e groupe : *fournir, pâlir* ; 3e groupe : *voir, apprendre, convenir.*
Les verbes en *-ir* appartiennent soit au 2e groupe soit au 3e groupe. Le 2e groupe a un participe présent en *-issant* : *fournir > fournissant.* Le 3e groupe a un participe présent en *-ant* : *convenir > convenant.*

2. non.
Finir est le seul verbe à ne pas varier : *finissons, finissez, finissent.* Tous les autres changent de radical : *tenons, tenez, tiennent. Allons, allez, vont. Avons, avez, ont.*

3. le passé proche.
• *Il vient de partir* est composé du verbe conjugué *vient* qui fonctionne comme un semi-auxiliaire (il n'a pas le sens d'« arriver ») et de l'infinitif du verbe qui exprimera le passé proche de *partir.* C'est une forme appelée « périphrase verbale ». Ce futur marque une action qui a eu lieu récemment.
• *Il va partir* est un futur proche. Il est composé du verbe conjugué *va* qui fonctionne comme un semi-auxiliaire et de l'infinitif du verbe qui exprimera le futur proche de *partir.* Cette forme exprime une action imminente.
• Passé proche et futur proche permettent d'ajouter deux formes supplémentaires aux temps de l'indicatif (qui en compte ainsi dix).

4. *j'aimai, tu finis, nous vînmes.*
Voici la conjugaison du passé simple pour les verbes des trois groupes :
1er groupe : *j'aimai, tu aimas, il aima, nous aimâmes, vous aimâtes, ils aimèrent.*
2e groupe : *je finis, tu finis, il finit, nous finîmes, vous finîtes, ils finirent.*
3e groupe : *je vins, tu vins, il vint, nous vînmes, vous vîntes, ils vinrent.*
Il n'y a jamais d'accent circonflexe à la 3e pers. du sing. (*il finit, il vint*) mais toujours aux 1re et 2e pers. du plur. (*nous finîmes, vous finîtes*).
ATTENTION ! • *ils furent venus* est un passé antérieur de l'indicatif. • *je parlais* est un imparfait de l'indicatif.

5. *j'ai su, il a plu, tu avais commandé, tu auras vu, j'eus compris, nous eûmes senti.*

• Au passé composé, l'auxiliaire est conjugué au présent.
Avoir : *j'ai vu, tu as vu, il a vu, nous avons vu, vous avez vu, ils ont vu.*
Être : *je suis venu, tu es venu, il est venu, nous sommes venus, vous êtes venus, ils sont venus.*
• Au plus-que-parfait, l'auxiliaire est conjugué à l'imparfait.
Avoir : *j'avais vu, tu avais vu, il avait vu, nous avions vu, vous aviez vu, ils avaient vu.*
Être : *j'étais venu, tu étais venu, il était venu, nous étions venus, vous étiez venus, ils étaient venus.*
• Au futur antérieur, l'auxiliaire est conjugué au futur.
Avoir : *j'aurai vu, tu auras vu, il aura vu, nous aurons vu, vous aurez vu, ils auront vu.*
Être : *je serai venu, tu seras venu, il sera venu, nous serons venus, vous serez venus, ils seront venus.*
• Au passé antérieur, l'auxiliaire est conjugué au passé simple.
Avoir : *j'eus vu, tu eus vu, il eut vu, nous eûmes vu, vous eûtes vu, ils eurent vu.*
Être : *je fus venu, tu fus venu, il fut venu, nous fûmes venus, vous fûtes venus, ils furent venus.*

6. *tu parlais, tu as participé, je considérai, vous semblerez.*
Les terminaisons verbales ont souvent le son « é » ou « è ». Il faut éviter certaines confusions sonores :
• pour les terminaisons de l'imparfait se prononçant « è » : *je parlais, tu parlais, il parlait, ils parlaient* (vérifiez toujours le sujet du verbe à conjuguer) ;
• pour les terminaisons de l'infinitif présent (*participer*) et du participe passé (*participé*) des verbes du 1er groupe se prononçant « é » ;
• pour les terminaisons du passé simple (*je considérai*) et de l'imparfait (*je considérais*) des verbes du 1er groupe se prononçant « é » et « è ».

7. *vous devîntes, nous appelons, ils (elles) disent, tu médisais.*
• *devin-* à toutes les personnes, *devîn-* aux 1re et 2e pers. du pluriel.
• *appel-* aux 1re et 2e pers. du pluriel *appell-* partout ailleurs.
• *dis-* à toutes les personnes, *dit-* à la 2e pers. du pluriel.
• *médis-* à toutes les personnes, *médisi-* aux 1re et 2e pers. du pluriel.

8. a. Les terminaisons se prononcent différemment. et **c. Ce sont deux temps différents.**

Je cuisinais est un indicatif imparfait dont la terminaison se prononce « è ».
Je cuisinai est un indicatif passé simple dont la terminaison se prononce « é ».

9. vrai.
Les verbes du 2e groupe confondent les formes du présent et du passé simple à l'indicatif.
• Au singulier seulement, le passé simple et le présent présentent les mêmes formes :
j'accomplis, tu accomplis, il accomplit.
• Le verbe *haïr* distingue le passé simple du présent par un tréma sur le *i* :
présent : *je hais, tu hais, il hait.* Passé simple : *je haïs, tu haïs, il haït.*
• Au pluriel, les formes sont toujours différentes entre le présent et le passé simple :
présent : *nous accomplissons, vous accomplissez, ils accomplissent.*
passé simple : *nous accomplîmes, vous accomplîtes, ils accomplirent.*

10. *je romps, tu couds, il vainc, ils balayent* ou ***ils balaient, tu étudieras.***

11. Les formes correctes sont : **a. *nous appellerons, que nous appelions.* b. *nous jetterions, tu jetais.***
• À l'indicatif futur, la consonne est doublée :
j'appellerai, tu appelleras, il appellera, nous appellerons, vous appellerez, ils appelleront.
• À l'indicatif imparfait et au passé simple, la consonne est simple :
j'appelais, tu appelais, il appelait, nous appelions, vous appeliez, ils appelaient (imparfait) ;
j'appelai, tu appelas, il appela, nous appelâmes, vous appelâtes, ils appelèrent (passé simple).
• À l'indicatif présent, la consonne est doublée sauf aux 1re et 2e pers. du pluriel :
j'appelle, tu appelles, il appelle, nous appelons, vous appelez, ils appellent.

12. Les formes correctes sont : **a. *nous avions martelé, nous martelions.* b. *vous étiquèteriez, qu'ils étiquètent.***
Pour ces verbes en *-eter* ou *-eler*, les formes à accent correspondent à celles à consonne double ; celles sans accent à celles à consonne simple.

• À l'indicatif futur, il y a un accent grave :
je martèlerai, tu martèleras, il martèlera, nous martèlerons, vous martèlerez, ils martèleront.
• À l'indicatif passé simple, il n'y a pas d'accent :
je martelai, tu martelas, il martela, nous martelâmes, vous martelâtes, ils martelèrent.
• À l'indicatif imparfait, il n'y a pas d'accent :
je martelais, tu martelais, il martelait, nous martelions, vous marteliez, ils martelaient.
• À l'indicatif présent, toutes les personnes ont un accent sauf les 1re et 2e pers. du pluriel :
je martèle, tu martèles, il martèle, nous martelons, vous martelez, ils martèlent.

13. non.
Louis de Funès fut un modèle : l'action est entièrement terminée au moment où l'on parle ; d'autres modèles pourraient être nommés.
Louis de Funès était un modèle : il peut encore être un modèle pour certains acteurs contemporains, car ce modèle est intemporel.

2

On ne saurait penser à tout [1]

La conjugaison des autres modes

La conjugaison verbale compte sept modes : quatre conjugués (indicatif, subjonctif, conditionnel et impératif) et trois non conjugués (infinitif, participe, gérondif).

A. Modes conjugués

L'INDICATIF
voir chapitre précédent.

LE SUBJONCTIF
présent : *qu'il joue* ; passé : *qu'il ait joué* ; imparfait : *qu'il jouât* ; plus-que-parfait : *qu'il eût joué.*

LE CONDITIONNEL
présent : *il jouerait* ; passé : *il aurait joué.*

L'IMPÉRATIF
présent : *joue, jouons, jouez* ;
passé : *aie joué, ayons joué, ayez joué.*

L'indicatif est le mode de la réalité, c'est le plus utilisé et le plus complet de toute la conjugaison.

Le subjonctif est le mode du doute, de la non-réalité. Il est souvent utilisé dans les subordonnées.

Le conditionnel est le mode de l'incertitude. Certains l'appellent « futur hypothétique ».

L'impératif est le mode de l'ordre et de la défense.

1. Pièce d'Alfred de Musset, auteur français du XIXe siècle.

B. Modes conjugués

L'INFINITIF
présent : *jouer* ; passé : *avoir joué.*

LE PARTICIPE
présent : *jouant* ; passé : (*ayant*) *joué.*

LE GÉRONDIF
présent : *en jouant* ; passé : *en ayant joué.*

Infinitif, participe et gérondif accompagnent un autre verbe à un mode conjugué. Les modes non personnels n'expriment pas le temps présent mais la simultanéité, ni le temps passé mais l'antériorité.

Ex. : *Il aimait jouer aux billes* (*jouer* est un infinitif « présent » mais il a une valeur de « passé » car il marque la simultanéité avec l'imparfait *aimait*).

Il pense avoir reconnu cet homme (*avoir reconnu* marque l'antériorité par rapport à *pense*).

- L'infinitif fonctionne souvent comme un nom.
  Ex. : *Souffler n'est pas jouer.*
- Le participe fonctionne souvent comme un adjectif qualificatif.
  Ex. : *Le pré tondu est bien plus beau.*
- Le gérondif fonctionne souvent comme un adverbe.
  Ex. : *Vous parlez en dormant.*

1. Les participes passés ont de multiples terminaisons. Les verbes du 1er groupe se terminent par *-é* (*répété*). Ceux du 2e groupe par *-i* (*fini*). Ceux du 3e groupe se terminent par les voyelles *-u* ou *-i* (*repu, servi*) ou bien les consonnes *-t* ou *-s* (*cuit, acquis*). Corrigez les terminaisons fautives :
vaincu, conclut, clot, pri, mû, craint, peind, du, absout, chanter, finit

2. Si un verbe présente à l'infinitif un accent circonflexe comme *paraître,* on retrouvera cet accent :
❒ au mode indicatif
❒ à l'indicatif et au conditionnel
❒ uniquement à certains temps de l'indicatif et du conditionnel

3. Quel(s) mode(s) utilise(nt) les formes de l'indicatif pour construire sa (leur) conjugaison ?
❒ le conditionnel
❒ le subjonctif
❒ l'impératif

4. Certaines formes verbales se ressemblent beaucoup. Tentez de distinguer les formes suivantes en indiquant le mode et le temps de chacune :
a. je choisirais / je choisirai.
b. je cuisinais / je cuisinai.
c. il lut / il lût.
d. il eût travaillé / il eut travaillé.

5. Les formes de l'indicatif futur et du conditionnel présent se construisent à partir :
❒ de l'infinitif présent ❒ du participe présent

6. Pour donner un ordre, on peut utiliser :
❒ le mode impératif
❒ le mode subjonctif
❒ le mode infinitif

7. Le conditionnel est souvent utilisé dans une phrase présentée comme irréalisable dans le présent : *Si je gagnais au Loto, j'achèterais un théâtre*. Pour évoquer un fait irréalisable dans le passé, quelle est la bonne formulation ?
a. Si j'aurais su, j'aurais pas venu.
b. Si j'avais su, je n'étais pas venu.
c. Si j'avais su, je ne serais pas venu.

8. Quelle est la 2e pers. du singulier de l'impératif présent des verbes suivants ?
aimer, aller, avoir, savoir, finir, être

9. Le participe présent est toujours invariable.
❒ vrai ❒ faux

10. Les formules de politesse utilisent plusieurs modes pour rendre l'expression moins brutale. Analysez les modes et les temps de ces phrases :
a. Pourriez-vous me donner un verre d'eau ?
b. Je voulais vous demander un autographe.

11. Le participe a été appelé ainsi parce qu'il « participe » à deux catégories, lesquelles ?
❒ celles du verbe et du nom
❒ celles du verbe et de l'adjectif

12. L'indicatif passé composé est la forme composée du présent. Quelles sont ses caractéristiques ?
a. Il peut être construit avec un participe présent ou un participe passé.
b. C'est le passé le plus facile à former.
c. On ne l'utilise qu'à l'oral.
d. Il peut avoir une valeur de présent.

13. Quel mode présente le plus de temps ?
❒ le subjonctif ❒ l'indicatif ❒ l'impératif

14. Laquelle de ces deux phrases est correcte ?
a. Il passe des trains toutes les cinq minutes.
b. Ils passent des trains toutes les cinq minutes.

Réponses

1. Les formes correctes sont : ***conclu, clos, pris, peint, dû, absous, chanté, fini.***
Pour vérifier la terminaison du participe passé, il suffit de l'accorder au féminin.

Ex. : *une affaire conclue, close, prise, mue, crainte, peinte, absoute*[1]*, due, chantée, finie.*

ATTENTION ! • N'ajoutez pas de *t* inutile : *conclu* et *fini.* • Ne vous trompez pas de consonne : *peint* et non « peind », *clos* et non « clot ». • N'oubliez pas l'accent circonflexe : *dû* (uniquement au masculin singulier).

2. uniquement à certains temps de l'indicatif et du conditionnel.
L'accent circonflexe ne se retrouve qu'aux temps de l'indicatif et du conditionnel, qui prennent pour base l'infinitif. C'est l'indicatif futur : *je paraîtrai, tu paraîtras, il paraîtra, nous paraîtrons, vous paraîtrez, ils paraîtront,* et le conditionnel présent : *je paraîtrais, tu paraîtrais, il paraîtrait, nous paraîtrions, vous paraîtriez, ils paraîtraient.*
ATTENTION ! À l'indicatif présent, seule la 3e pers. du singulier porte l'accent circonflexe : *il paraît, il renaît, il se repaît.*

3. l'impératif (et seulement au présent).
• L'impératif présent emprunte toute sa conjugaison à l'indicatif en supprimant le pronom personnel sujet : *tu finis* > *finis* ; *nous finissons* > *finissons* ; *vous finissez* > *finissez.*
• Trois verbes usuels empruntent leurs formes à la conjugaison du subjonctif. Ce sont l'auxiliaire *être* : *sois, soyons, soyez* ; l'auxiliaire *avoir* : *aie, ayons, ayez* ; et le verbe *savoir* : *sache, sachons, sachez.*
ATTENTION ! L'impératif passé emprunte ses formes au subjonctif : *que tu aies fini* > *aie fini* (pas de *s* final) ; *que nous ayons fini* > *ayons fini* ; *que vous ayez fini* > *ayez fini.*

4. a. conditionnel présent / indicatif futur. b. indicatif imparfait / indicatif passé simple. c. indicatif passé simple / subjonctif imparfait. d. subjonctif plus-que-parfait / indicatif passé antérieur.
Les différences paraissent imperceptibles : un accent circon-

1. Seul participe (avec *dissoudre*) dont le féminin et le masculin ont des terminaisons différentes. Voici les formes possibles : au féminin *absoute(s),* au masculin *absous* (la forme ne distingue pas le singulier du pluriel).

flexe ou un *s* final. Ce sont pourtant des éléments distinctifs de temps et parfois de modes.

• *je choisirais* (conditionnel) marque l'incertitude ; *je choisirai* (indicatif) la certitude.

• *je cuisinais* (imparfait) insiste sur la durée d'une action passée ; *je cuisinai* (passé simple) dit que l'action passée est complètement terminée et bien séparée du présent. À la 1re pers. du singulier des verbes du 1er groupe, la terminaison de l'imparfait est prononcée « è » et celle du passé simple « é ».

• *il lut* (indicatif) sert à rapporter des faits passés ; *il lût* (subjonctif) est utilisé dans des subordonnées.

Ex. : *Il lut sa lettre pendant que Roxane dormait.*
Bien qu'il lût sa lettre, Roxane ne l'entendait pas.

• *il eût travaillé* et *il eut travaillé* ne se distinguent que par l'accent. On utilise le subjonctif avec la conjonction *avant qu'*(*il eût travaillé*) et l'indicatif avec la conjonction *après qu'*(*il eut travaillé*).

5. de l'infinitif présent.

• Pour le futur indicatif, on ajoute à l'infinitif les terminaisons du présent de l'auxiliaire *avoir* :
je jouer-ai, tu jouer-as, il jouer-a, nous jouer-ons, vous jouer-ez, ils jouer-ont.

• Pour le conditionnel présent, on ajoute les terminaisons de l'imparfait de l'auxiliaire *avoir* :
je jouer-ais, tu jouer-ais, il jouer-ait, nous jouer-ions, vous jouer-iez, ils jouer-aient.

6. le mode impératif, le mode subjonctif, le mode infinitif.

• Si la personne est présente quand on donne l'ordre, on utilise l'impératif.

Ex. : *Viens ! Nous répéterons ensemble.*

• Si la personne est absente au moment où l'on donne l'ordre, on utilise le subjonctif.

Ex. : *Qu'il vienne me voir dès qu'il arrive.*

• Si l'ordre s'adresse à un anonyme, on choisira l'infinitif.

Ex. : *Prendre un numéro à l'entrée.*

7. c. Si j'avais su, je ne serais pas venu.

Dans la subordonnée introduite par *si*, il faut un indicatif plus-que-parfait (*avais su*) ; dans la principale, il faut un conditionnel passé (*serais pas venu*).

8. *aime, va, aie, sache, finis, sois.*

À l'impératif présent, il n'y a jamais de *s* final pour les verbes du 1er groupe : *aime* ; le verbe *aller* : *va* ; l'auxiliaire *avoir* : *aie* ;

le verbe *savoir* : *sache*. En revanche, le *s* final est obligatoire pour tous les autres verbes : *finis, sois*.

9. vrai.
Le participe présent est toujours invariable.

Ex. : *Ne jouant pas aux échecs, André et Simone sont isolés* (*jouant* fonctionne comme un adjectif qualifiant le groupe pluriel *André et Simone* tout en restant invariable).

10. a. conditionnel présent. b. indicatif imparfait.
Le principe de la politesse est d'atténuer la réalité d'une demande pour solliciter un service. L'indicatif présent est trop direct, il faut se projeter dans un univers aux contours moins réels : le conditionnel est le mode le plus fréquent pour effectuer ce transfert dans un monde virtuel.

Dans un seul cas, l'indicatif imparfait du verbe *vouloir* modifie la brutalité d'un « je veux » pour formuler une demande polie.

11. celles du verbe et de l'adjectif.
Le participe fonctionne souvent comme un adjectif apposé au sujet du verbe.

Ex. : *Absorbée par son feuilleton télévisé, Germaine oublia le rôti dans le four.*

Mais le participe se construira avec des compléments verbaux :

- complément d'objet direct (COD) ;

  Ex. : *Ne comprenant pas la leçon, Roger ne répondit pas.*
- complément d'objet indirect (COI) ;

  Ex. : *Parlant à son voisin, Robert n'a pas entendu le téléphone.*
- complément d'agent (CA).

  Ex. : *Retenu par ses amis, Rodrigue n'a pu garder son calme.*

12. b. C'est le passé le plus facile à former. et **d. Il peut avoir une valeur de présent.**

- Le passé composé marque le résultat présent d'une action passée et est apte à exprimer le passé et le présent.

  Ex. : *Hier, j'ai acheté un masque* (sens passé : « j'achetai »).

  Aujourd'hui j'ai cousu mon costume (sens présent : « j'ai fini de coudre », résultat présent d'une action passée).

13. l'indicatif.
L'indicatif a huit temps :

formes simples	formes composées
(présent) *tu viens*	(passé composé) *tu es venu*
(imparfait) *tu venais*	(plus-que-parfait) *tu étais venu*
(passé simple) *tu vins*	(passé antérieur) *tu fus venu*
(futur simple) *tu viendras*	(futur antérieur) *tu seras venu*

Le subjonctif en a quatre :

formes simples	formes composées
(présent) *tu viennes*	(passé) *tu sois venu*
(imparfait) *tu vinsses*	(plus-que-parfait) *tu fusses venu*

L'impératif n'en a que deux :

formes simples	formes composées
(présent) viens	(passé) sois venu

ATTENTION ! Il y a forcément un nombre pair de temps car à chaque forme simple (sans auxiliaire) correspond une forme composée (avec auxiliaire).

14. a. Il passe des trains toutes les cinq minutes.
Il passe est un verbe impersonnel dont le sujet *il* est toujours à la 3e pers. du singulier. *Il passe des trains* signifie « des trains passent ».

3

Faisons un rêve [1]

Les formes verbales à pièges

Dans les deux premiers chapitres vous avez appris les bases de la conjugaison et identifié certaines difficultés.

Vous êtes maintenant mieux armé pour déjouer les quelques pièges que l'on vous tend.

À vous de tester vos connaissances à présent !

Dans les phrases suivantes, conjuguez les verbes selon les indications données entre parenthèses.

1. Quand Sganarelle (*être,* indicatif présent) avec son maître, j'(*avoir,* indicatif présent) l'impression qu'il se prend aussi pour un séducteur.

2. C'(*être,* indicatif présent) vrai qu'Octave (*s'améliorer,* indicatif passé composé), il (*savoir,* indicatif présent) beaucoup de choses.

3. Agnès (*apercevoir,* indicatif passé composé) son galant puis elle (*voir,* indicatif passé simple) son mari.

4. Alceste ne (*faire,* indicatif imparfait) confiance à personne : pourquoi le (*faire,* conditionnel présent)-il ?

5. Lisette (*avoir,* indicatif présent) une belle assurance à revendre, tu (*avoir,* indicatif présent) raison.

6. Quand on (*trouver,* indicatif passé composé) ce faon, les chasseurs (*épargner,* indicatif passé composé) le petit animal.

---

1. Pièce de Sacha Guitry, auteur français du XXe siècle.

7. Après qu'Œdipe (*découvrir*, indicatif passé antérieur) qu'il avait épousé sa mère Jocaste, il se creva les yeux.

8. Bien que Versailles (*avoir*, subjonctif présent) un parc splendide, Élise (*être*, indicatif présent) une inconditionnelle du jardin du Luxembourg.

9. Si George (*répudier*, indicatif imparfait) Angélique, ses parents lui (*faire*, conditionnel présent) un procès.

10. « C'est toi qui nous (*inviter*, indicatif présent) », suggéra Perdican.

11. Mario leur (*confier*, indicatif imparfait) que ses sœurs (*être*, indicatif imparfait) impossibles.

12. « Cela me (*remuer*, indicatif présent) », (*conclure*, indicatif passé simple) Scapin abruptement.

13. Nous (*apprécier*, indicatif imparfait) et (*prévoir*, indicatif imparfait) votre prestation.

14. Faut-il que vous (*remercier*, subjonctif présent) Jacques pour son discours ?

15. Ne (*broyer*, impératif présent) pas du noir, la grammaire sera de moins en moins ardue pour vous !

16. La semaine (*précéder*, participe présent) le défilé de couture, l'ambiance des ateliers était très différente.

Réponses

1. Quand Sganarelle *est* avec son maître, j'*ai* l'impression qu'il se prend aussi pour un séducteur.
Les premiers verbes à connaître sont les auxiliaires *être* et *avoir*. Mais de nombreuses formes se ressemblent à l'oral. Le bon réflexe pour vérifier l'auxiliaire est de changer de sujet ou de temps.

Ex. : *Nous sommes avec notre maître et nous avons l'impression* (changement de sujet).

Sganarelle était avec notre maître, j'avais l'impression (changement de temps).

2. C'*est* vrai qu'Octave *s'est amélioré*, il *sait* beaucoup de choses.
C'est / *s'est* / *sait* sont confondus à l'oral mais pas à l'écrit.
• *C'est* est généralement suivi d'un adjectif. Il se conjugue à l'imparfait (*c'était*) ou au futur (*ce sera*). *Ce* est un pronom démonstratif qu'on pourrait remplacer par *cela*.
• *s'est amélioré* est un verbe pronominal qui est conjugué avec le pronom réfléchi *se*. On peut le vérifier en changeant le sujet : *Vous vous êtes améliorés* (le sujet et l'objet représentent la même personne).
• *sait* ressemble à *s'est* et *c'est* au présent, il suffira donc de changer le temps : *il savait* (imparfait), *il a su* (passé composé).

3. Agnès *a aperçu* son galant puis elle *vit* son mari.
Il ne faut pas confondre l'orthographe du participe passé et celle du passé simple.
• Pour les verbes dont les terminaisons sont identiques à l'oral :

Ex. : *elle a aperçu / elle aperçut ; elle a pris / elle prit.*

• Pour d'autres verbes, ce sont deux formes différentes :

Ex. : *elle a aimé / elle aima ; elle a fait / elle fit.*

4. Alceste ne *faisait* confiance à personne : pourquoi le *ferait*-il ?
Le verbe *faire* conserve son radical d'infinitif *fai-* à l'imparfait : *fai-sait*, mais au conditionnel le radical est *fer-* : *fer-ait*.
ATTENTION ! • Lorsque le sujet est inversé, il est relié au verbe par un trait d'union. • Si la forme verbale se termine par une voyelle on ajoute un *t* entre deux tirets.

Ex. : *Vous résistera-t-il ?*

5. Lisette *a* une belle assurance à revendre, tu *as* raison.
• À l'oral, le verbe *avoir* a deux formes identiques au singulier : *tu as, il a*. Il ne faut pas les confondre avec la préposition *à* qui porte un accent grave.
• L'accentuation date du XVIe siècle, quand les imprimeurs ont décidé d'ajouter des accents pour faciliter la lecture. L'accent évite les confusions.

Ex. : *ou* conjonction et *où* adverbe ; *du* article et *dû* participe passé.

6. Quand *on a trouvé* ce faon, les chasseurs *ont épargné* le petit animal.
Ne confondez pas le pronom *on* et la forme verbale *ont*.
• *On* est forcément suivi d'un verbe au singulier.

Ex. : *On vit et on compris.*

• *Ont* est toujours précédé d'un sujet au pluriel.

Ex. : *Les voisins ont sonné l'alarme.*

7. Après qu'Œdipe *eut découvert* qu'il avait épousé sa mère Jocaste, il se creva les yeux.
Ne confondez pas *eût découvert* (subjonctif plus-que-parfait) et *eut découvert* (indicatif passé antérieur). Le subjonctif ne s'utilise pas dans cette phrase car il indiquerait un fait dont on n'est pas certain. La découverte a eu lieu avant la mutilation, l'indicatif marque la réalité de cette révélation.
ATTENTION ! La phrase au présent serait : *Après qu'Œdipe a découvert qu'il a épousé sa mère, il se crève les yeux.* Il ne faut pas écrire : « Après qu'Œdipe ait découvert. »

8. Bien que Versailles *ait* un parc splendide, Élise *est* une inconditionnelle du jardin du Luxembourg.
Ne confondez pas le subjonctif présent *ait* (auxiliaire *avoir*) et l'indicatif présent *est* (auxiliaire *être*). Changez de personne pour les distinguer : *Bien que nous ayons un parc splendide, nous sommes des inconditionnels du Luxembourg.*

9. Si George *répudiait* Angélique, ses parents lui *feraient* un procès.
Quand on exprime une hypothèse impossible, on utilise le conditionnel dans la proposition principale. Si cette hypothèse était possible, cette phrase se transformerait en : *Si George répudie Angélique, ses parents lui feront un procès.*

10. « C'est toi qui nous *invites* », suggéra Perdican.
Le sujet *qui* reprend le pronom de la 2e pers. du singulier, donc le verbe doit se conjuguer à cette même personne. Si

l'on changeait de pronom, la même règle s'appliquerait : *C'est eux qui nous invitent/ C'est vous qui nous invitez.*

11. Mario leur *confiait* que ses sœurs *étaient* impossibles.
À l'imparfait beaucoup de terminaisons s'entendent de la même manière, il faut bien vérifier le sujet pour les distinguer : *je confiais, tu confiais, il confiait, ils confiaient.*

12. « Cela me *remue* », *conclut* Scapin abruptement.
Cet exercice illustre les différentes terminaisons possibles à la 3e personne de l'indicatif présent.

- Les verbes du 1er groupe se terminent toujours par *-e*.
  Ex. : *il remue, il crée.*
- Les verbes du 2e groupe se terminent par *-t*.
  Ex. : *il finit, il vêtit.*
- Les verbes du 3e groupe peuvent se terminer par *-t* ou *-d*.
  Ex. : *il conclut, il sent, il croit* ; *il prend, il vend, il coud.*

ATTENTION ! Il y a deux exceptions : le verbe *aller* (*il va*) ; le verbe *vaincre* (*il vainc*).

13. Nous *appréciions* et *prévoyions* votre prestation.

- Les 1re et 2e pers. du pluriel de l'imparfait de l'indicatif présentent un *i* dans leur terminaison : *nous chantions, vous créiez.*
- Ceux qui ont un *i* dans le radical s'écrivent *ii* : *nous appréciions.*
- Ceux qui ont un *y* s'écrivent *yi* : *nous prévoyions.*

14. Faut-il que vous *remerciiez* Jacques pour son discours ?
Les 1re et 2e pers. du pluriel du subjonctif présent sont identiques à celles de l'indicatif imparfait. Il faut écrire *ii.*
Ex. : *nous remerciions, vous remerciiez.*

15. Ne *broyez* pas du noir, la grammaire sera de moins en moins ardue pour vous !
Contrairement aux deux exemples précédents il n'y a pas de *i* supplémentaire. L'impératif emprunte ses formes à l'indicatif présent.
Ex. : *vous croyez, vous choyez.*

16. La semaine *précédant* le défilé de couture, l'ambiance des ateliers était très différente.
Le participe présent *précédant* se termine toujours par *-ant* et est invariable. On le distingue ainsi de l'adjectif verbal *différent* qui s'accorde en genre et en nombre : *ambiance différente.*

4
Huis clos [1]

Les accords du participe passé

Le participe passé obéit à des règles plutôt rigides, le carcan est strict mais l'application assez simple si l'on retient plusieurs points.

• Avec l'auxiliaire *être*, le participe passé s'accorde en genre et en nombre avec le sujet.

Ex. : *Mathilde est revenue contente* (accord avec le sujet féminin *Mathilde*).

• Avec l'auxiliaire *avoir*, le participe passé s'accorde en genre et en nombre avec le complément d'objet direct (COD) placé avant le verbe.

Ex. : *Les coiffures que Lucas a réalisées sont surprenantes* (accord avec le COD *les coiffures* placé avant le verbe *réaliser*).

Les verbes pronominaux présentent un sujet et un objet qui représentent la même personne. Le pronom objet est appelé « pronom réfléchi ». Ils sont toujours conjugués avec l'auxiliaire *être*, mais le participe s'accorde tantôt avec le sujet (suivant les règles de l'auxiliaire *être*) tantôt avec le COD (règles d'accord d'*avoir*). Il y a deux cas :

– On ne peut pas analyser le pronom objet, le participe passé s'accorde avec le sujet.

Ex. : *Gina s'est promenée dans la forêt.*

Il est impossible de comprendre « Gina a promené elle-même dans la forêt » : *se* ne peut être séparé du verbe, c'est pourquoi on applique les règles d'accord de l'auxiliaire *être*.

– On peut analyser le pronom objet, il est le COD ; le participe passé s'accorde avec lui.

---

1. Pièce de Jean-Paul Sartre, auteur français du XXe siècle. Il refusa le prix Nobel en 1964.

Ex. : *Les limonades qu'Ondine s'est préparées sont bien citronnées.*

On comprend « les limonades qu'Ondine a préparées », c'est pourquoi on applique les règles d'accord de l'auxiliaire *avoir.*

1. Voici quatre phrases qui illustrent les accords du participe passé. Écrivez-les en appliquant les règles.
a. L'histoire de Frédérick Lemaître est déjà (*écrit*).
b. Les sculptures, Nikki les a (*amélioré*).
c. La maison de Balzac s'est bien (*vendu*).
d. Nous avons beaucoup (*parlé*) de Marlon Brando.

2. Laquelle de ces deux phrases est correcte ?
a. Des rôles, Eustache en a joué.
b. Des rôles, Eustache en a joués.

3. Les verbes *laisser* et *faire* accordent ou non leur participe passé. Essayez de déjouer les pièges tendus dans les phrases suivantes :
a. Les clés, je les ai (*laissé*) sur la table.
b. Nous avons (*laissé*) Laurence à la piscine.
c. La photo qu'Anne s'est (*fait*) faire lui plaît.

4. Les verbes *entendre, voir* et *sentir* sont souvent construits avec un infinitif. Comment accorderez-vous les participes passés dans les phrases suivantes ?
a. Les films que j'ai (*vu*) tourner dans ce village sont nombreux.
b. Arrête la bouilloire que j'ai (*entendu*) siffler.

5. Les verbes pronominaux suivants accordent-ils ou non leur participe passé ?
a. Agathe s'est (*coupé*) en manipulant un accessoire.
b. Louison s'est (*coupé*) le doigt.
c. Les impressions que se sont (*communiqué*) les lauréats.

6. Les participes suivants sont-ils bien accordés ?
a. Nous sommes (*venues*) ensemble au cinéma.
b. Les costumes ont été (*terminé*) ce matin.

7. Quelle est la phrase correcte ?
a. Les deux spectacles se sont succédé.
b. Les deux spectacles se sont succédés.

8. Parfois un même verbe peut observer des règles d'accord au cas par cas. Ainsi, *courir* accordera ou non son participe passé, selon qu'il a un sens propre ou un sens figuré. Comment accorderiez-vous les participes dans ces deux phrases ?
a. Les courses qu'ils ont (*couru*).
b. Les risques qu'ils ont (*couru*).

9. Écrivez les participes passés dans ces deux phrases :
a. Marion n'a pas réalisé les choses qu'elle aurait (*dû*).
b. Marc a récité les poèmes qu'il a (*entendu*).

10. Le participe passé de *devoir* a parfois un accent circonflexe. Corrigez les phrases suivantes :
a. Ces sommes, il les a (*du*).
b. Ce montant, il l'a (*du*).
c. Cette somme, il l'a (*du*).
d. Ces montants, il les a (*du*).

11. Comment s'accorde le participe dans ces phrases ?
a. Donne-lui quelque chose que tu as (*dessiné*).
b. Donne-lui une chose que tu as (*dessiné*).

12. L'infinitif présent et le participe passé des verbes du 1er groupe se terminent par le son « é ». Complétez les phrases suivantes :
a. Tu ne devrais pas compt… sur les autres mais sur toi.
b. Après avoir rentabilis… votre placement, vous pourrez réinvestir.
c. Que s'est-il pass… chez Antoine ?
d. Pens… à se relire est une bonne chose.

13. Comment accordez-vous les participes dans ces phrases ?
a. Les fraises, je les ai (*cuit*).
b. Les fraises, j'en ai (*cuit*).

Réponses

1. a. *écrite*. b. *améliorées*. c. *vendue*. d. *parlé*.
• *écrite* : accord avec le sujet, règle de l'auxiliaire *être*.
• *améliorées* : accord avec le COD *les* (reprenant *sculptures*) placé avant, règle de l'auxiliaire *avoir*.
• *vendue* : on ne peut pas analyser le pronom réfléchi, accord avec le sujet, règle de l'auxiliaire *être*.
• *parlé* : aucun COD n'est exprimé donc il n'y a pas d'accord, règle de l'auxiliaire *avoir*.

2. a. Des rôles, Eustache en a joué.
Le pronom *en* n'est pas analysable comme complément d'objet direct (COD). Le participe passé reste toujours invariable.

3. a. *laissées*. b. *laissé*. c. *fait*.
• Le verbe *laisser* suit les règles de l'auxiliaire *avoir,* accord avec le COD.

Ex. : *Les clés, je les ai laissées sur la table* (accord : COD placé avant).

Nous avons laissé Laurence à la piscine (pas d'accord : COD placé après).

• Si le verbe *faire* est suivi d'un infinitif, il fonctionne comme une sorte d'auxiliaire et n'accorde pas le participe passé.

Ex. : *La photo qu'Anne s'est fait faire lui plaît.*

• Ce serait la même chose pour le verbe *laisser* suivi d'un infinitif.

Ex. : *Ils se sont laissé entraîner.*

4. a. *vu*. b. *entendue*.
Voir et *entendre* sont des verbes de perception. Ils observent les règles de l'auxiliaire *avoir* mais il faut bien vérifier que le mot est COD du verbe de perception et non pas de l'infinitif.
• *Les films que j'ai vu tourner* : *vu* est invariable car *les films* est COD de *tourner,* pas de *vu*.
• *La bouilloire que j'ai entendue siffler* : *entendue* est variable car *bouilloire* est COD de *entendue* et non de *siffler*.

5. a. *coupée*. b. *coupé*. c. *communiquées*.
Dans les trois phrases, le pronom est analysable. Il faut rechercher le COD, règles de l'auxiliaire *avoir*.
• *Agathe s'est coupée* : le pronom *s'*est COD et placé avant le verbe et représente la même personne que le sujet féminin, *Agathe*. Le participe passé s'accorde.
• *Louison s'est coupé le doigt* : le COD n'est pas le pronom

réfléchi mais *le doigt*. Comme il est placé après le verbe, il n'y a pas d'accord.

• *Les impressions que se sont communiquées* : le COD *impressions* est placé avant le verbe, le participe s'accorde.

ATTENTION ! Se *couper* peut avoir pour COD soit le pronom réfléchi *se* soit un autre COD. Il faut donc être très attentif. Ce serait la même chose avec des verbes comme *se laver, se regarder*.

Ex. : *Elle s'est lavé les mains* (le COD est *les mains*, placé après, participe invariable).

Elle s'est lavée (le COD est le pronom *s'*, placé avant, participe variable).

6. a. *venus* ou *venues*. b. *terminés*.

Il faut appliquer les règles de l'auxiliaire *être* dans les deux exemples.

• *Nous* peut représenter un groupe fém. plur. ou masc. plur.

Ex. : *Séraphine, Augusta et moi, nous sommes venues* (groupe féminin).

Anna, Tom et moi, nous sommes venus (groupe mixte, le masculin l'emporte).

• La forme *ont été* est le passé composé de l'auxiliaire *être*. Il faut donc respecter les règles d'accord avec le sujet.

Ex. : *Les costumes ont été terminés.*

7. a. Les deux spectacles se sont succédé.

• Le pronom *se* est analysable mais il n'est pas COD, le participe est invariable.

• Le verbe *succéder* ne se construit pas avec un COD mais avec un complément d'objet indirect (COI) : un spectacle succède à un spectacle.

• Le verbe pronominal *succéder* observe la règle d'invariabilité du participe construit sans COD.

8. a. *couru*. b. *courus*.

• *Courir une course* est une expression à prendre au sens propre, *courses* n'est pas un COD, c'est un complément interne. On le reconnaît au fait qu'il appartient à la même famille de mots. Ce serait la même chose avec *la vie qu'il a vécu*.

• *Courir un risque* est une expression figurée, *risques* est bien le COD du verbe *courir*.

9. a. aurait *dû*. b. a *entendus*.

Il faut bien distinguer le COD du participe passé et celui de l'infinitif.

Ex. : *Marion n'a pas réalisé les choses qu'elle aurait dû* [*réaliser*] (*les choses* est COD de *réaliser* et non de *dû*, c'est pourquoi le participe reste invariable).

Marc a récité les poèmes qu'il a entendus (*les poèmes* est bien COD de *entendre*, c'est pourquoi le participe s'accorde).

10. a. *dues*. b. *dû*. c. *due*. d. *dus*.
L'accent circonflexe n'est utilisé qu'au masculin singulier. C'est la même règle pour *redû* et *mû*.
ATTENTION ! Il n'y a jamais d'accent circonflexe pour les participes *cru, ému, su, pu*[1].

11. a. *dessiné*. b. *dessinée*.
• *quelque chose* est un pronom indéfini, il est considéré comme neutre et s'accorde toujours au masculin singulier.
• *une chose* est un nom féminin, le participe placé avant le verbe s'accorde. Au pluriel, on aurait : *Donne-moi des choses que tu as dessinées*.

12. a. compt*er*. b. rentabilis*é*. c. pass*é*. d. pens*er*.
• Le participe passé se construit généralement avec l'auxiliaire *être* : *je suis compté* ou avec l'auxiliaire *avoir* : *j'ai compté*.
• L'infinitif suit un autre verbe.

Ex. : *Tu ne devrais pas compter*.

• Pour ne pas confondre un infinitif et un participe passé, il suffit de choisir un verbe d'un autre groupe qui distingue l'infinitif et le participe comme *faire / fait* :

Ex. : Tu ne devrais pas *compter* / Tu ne devrais pas *faire*. Après avoir *rentabilisé* votre placement / Après avoir *fait* votre placement.

13. a. *cuites*. b. *cuit*.
• les s'analyse bien comme COD, il y a accord.
• en ne s'analyse pas comme COD, le participe reste invariable.
• Il y a une nuance de sens entre *en* et *les* :
– *je les ai cuites* signifie que toutes les fraises ont été cuites.
– *j'en ai cuit* signifie qu'une partie seulement a été cuite.

1. Il y a deux participes passés identiques à l'oral : *cru* / *crû*. Le premier est tiré de *croire*, le second de *croître*.

5

Tête d'or [1]

Les noms

Le nom est le fondement de la langue, la base à partir de laquelle on peut enrichir son vocabulaire. C'est la « tête d'or » de la phrase. Il fonctionne en étroite collaboration avec le verbe et les pronoms, les personnages principaux de notre jeu dramatique.

• On crée de nouveaux noms par dérivation, composition ou emprunt :

– La dérivation ajoute des préfixes et des suffixes.

Ex. : *tour* et le suffixe *-iste* donnent : *touriste* ; *tour* et le préfixe *dé-* donnent : *détour*.

– La composition associe deux mots qui forment un troisième mot.

Ex. : *tour* et le verbe *compter* donnent : *compte-tour*.

– L'emprunt enrichit le français de mots étrangers.

Ex. : *pizza, spleen, bistro*.

• Le nom est un mot qui varie en genre et en nombre.

Ex. : *le chat / la chatte / les chats*.

• Les noms propres ont toujours une majuscule et identifient un objet ou une personne unique. Ils n'ont pas d'article.

Ex. : *Iphigénie est arrivée en Grèce* (il y a deux noms propres : *Iphigénie, Grèce*).

• Les noms communs n'ont pas de majuscule et sont précédés d'un article.

Ex. : *La flotte athénienne attendait le signal* (il y a deux noms communs : *flotte, signal*).

• Les noms remplissent des rôles essentiels auprès du verbe.

1. Pièce de Paul Claudel, auteur français du XXe siècle, élu à l'Académie française en 1946.

– Les sujets font ou subissent l'action.

Ex. : *Ce spectacle surprend ; les spectateurs ont été surpris.*

– Les compléments d'objet directs (COD) complètent directement le verbe :

Ex. : *Nous aimons votre jeu.*

– Les compléments d'objet indirects (COI) le complètent indirectement :

Ex. : *Nous assistons à un concert.*

– Les compléments d'agent (CA) sont à l'origine de l'action du verbe passif.

Ex. : *Il est aidé par ses fils.*

– Les compléments circonstanciels (CC) expriment le temps, la cause, le lieu...

Ex. : *Rentrez après le signal !* (CC de temps)
Rentrez dans vos chambres ! (CC de lieu)

Ce chapitre va vous familiariser avec l'emploi des noms et les usages à respecter en matière d'accord.

1. Pour féminiser un nom masculin, la règle est d'ajouter un -e final : *marchand-e, apprenti-e*. Quel est le féminin des mots suivants ?
écuyer, chat, époux, ministre, prince, cardinal, espion, tigre, journaliste

2. Vous créerez de nouveaux noms en ajoutant le préfixe *dé-* ou *in-* (parfois *im-*) à ces mots :
raison, amour, certitude, moralité, possibilité

3. Vous identifierez les compléments d'objet directs (COD) et les compléments d'objet indirects (COI) dans les phrases suivantes. ATTENTION ! Certains compléments ne sont ni COD ni COI mais compléments circonstanciels (CC) !
a. Les enfants aiment le spectacle.
b. Ce conteneur pèse une tonne.
c. Les soldats aspirent à la paix.
d. Toute la compagnie est allée à la campagne.

4. Ces phrases ont-elles un sens différent ?
a. J'entends la compagnie chanter.
b. J'entends chanter la compagnie.

5. Quelle différence, d'ordre grammatical, faites-vous entre les mots en italique dans ces deux phrases ?
a. L'*homme* est fier de sa femme.
b. *On* est fier de sa femme.

6. Quel est le féminin des noms suivants ?
pécheur, acteur, monteur, professeur, pêcheur, empereur, chasseur, auteur

7. Les noms forment leur pluriel en ajoutant un *s* à la forme du singulier. Quel est le singulier des noms suivants ?
robes, pneus, ladies, bois, trous, sarraus, rails, récitals, ténèbres, bonheurs, mœurs, messieurs, choux

8. Quelques noms ne forment pas leur pluriel en ajoutant un *s*. Êtes-vous capable de découvrir le pluriel des mots suivants ?
hibou, gaz, émail, cheveu, scénario, maximum, bateau, bas, bal, œil, bœuf

9. Le pluriel des noms composés est un casse-tête car ils sont formés de toutes sortes de mots. Seuls pourront varier les adjectifs et les noms (des *libres-services*). Les verbes, prépositions et adverbes ne varient jamais (des *pousse-pousse*). Comment orthographiez-vous ces mots composés au pluriel ?
amour-propre, après-midi, casse-tête, faire-part, arrière-boutique, bateau-mouche, sous-marin, bouche-trou, balai-brosse, pot-au-feu, garde-chasse

10. Pour identifier la fonction sujet, on peut remplacer le nom par un pronom sujet (*il, elle, ils, elles*), c'est la « transformation pronominale ». À vous de transformer les sujets (en italique) en pronoms.
a. *Cette pièce* a emporté notre adhésion.
b. *Roméo et Juliette* ont renoncé à leurs biens.
c. *Marthe et sa mère* ont commis une erreur.
d. *Ruy Blas* parle tout seul.

11. Pour identifier la fonction COD, on peut remplacer les noms par les pronoms objets (*le, la, l', les*).
À vous de transformer les objets directs (en italique) en pronoms.
a. Le public a boudé *la pièce*.
b. Je chantai *une aria et une cantate*.
c. Dorante a confié *son projet de mariage*.
d. Silvia considère *la fidélité* au-dessus de toutes les qualités.

12. Pour identifier un COI, on peut utiliser deux types de pronoms. Les pronoms *en* et *y* reprennent des noms d'objets ou d'idées ; on parle de « genre inanimé ». Les pronoms *elle, lui, elles, eux* représentent des noms de personnes ; on parle de « genre animé ». À vous de transformer les objets indirects (en italique) en pronoms :
a. Les héritiers ont renoncé à *leurs biens*.
b. Les héritiers ont renoncé *à leurs amis*.
c. Mme d'Escarbagnas s'étonne *de la mauvaise éducation de son valet*.
d. Chimène se préoccupe *de Rodrigue*.

13. Prenons la phrase : *Les danseurs n'arrêtaient pas de taquiner les machinistes.* Pourrait-on la compléter par les phrases suivantes ?
a. Personne ne s'*en* plaignait.
b. Personne ne se plaignait *d'eux*.

14. Laquelle des deux phrases est correcte ?
a. L'ensemble des personnages de Molière ne sont pas forcément sympathiques.
b. L'ensemble des personnages de Molière n'est pas forcément sympathique.

15. Tous les adjectifs en italique sont-ils bien accordés avec les noms auxquels ils se rapportent ?
a. Mélanie et Blanche sont des enfants *blondes*.
b. Léon, enfant particulièrement *doué*, était très difficile.
c. Tristan et Iseut ont vécu des amours *fatales*.
d. Cyrano ne vivra qu'un *grand* amour.
❒ oui ❒ non

16. Le bétail représente un ensemble de bêtes. Que doit-on écrire ?
a. Le bétail semble capricieux.
b. Le bétail semblent capricieux.

17. Laquelle de ces phrases utilise *hymne* à bon escient ?
a. Les garçons entonnèrent *un hymne* patriotique.
b. Les religieuses chantaient *une hymne* de paix.

18. Y a-t-il une différence de sens entre ces mots : *moulage* et *moulure, renonciation* et *renoncement, isolation* et *isolement* ?
❒ oui ❒ non

Réponses

1. *écuyère, chatte, épouse, ministre, princesse, cardinal, espionne, tigresse, journaliste.*

- En féminisant certains noms on doit ajouter un accent grave (*écuyère*), une consonne (*chatte, espionne*), ou changer de consonne (*épouse*).
- Les noms qui se terminent par *e* ne peuvent pas être féminisés : *journaliste, ministre*.
- Le suffixe *-esse* est utilisé pour féminiser certains noms se terminant par *e* : *princesse, tigresse*.
- Dans des cas exceptionnels, le féminin est impossible culturellement : *cardinal*.

2. *déraison, désamour, incertitude, immoralité, impossibilité.*

Les préfixes négatifs *dé-* et *in-* forment des noms de sens contraire appelés « antonymes ». Ils changent parfois au contact de l'initiale du nom : *dé-* devant consonne (*déraison*), mais *dés-* devant voyelle (*désamour*) ; *in-* devant consonne, mais *im-* devant *m* et *p* (*immoralité, impossibilité*).

3. a. *le spectacle* (COD). b. *une tonne* (CC de mesure). c. *à la paix* (COI). d. *à la campagne* (CC de lieu).

- Les compléments d'objet directs répondent à la question « quoi ? » : Les enfants aiment quoi ? *le spectacle* (COD).
- Les compléments d'objet indirects sont introduits par une préposition. Ils répondent aux questions : « à qui ? », « à quoi ? », « de qui ? », « de quoi ? » : Les soldats aspirent à quoi ? *à la paix* (COI).
- Il ne faut pas les confondre avec les compléments circonstanciels (CC), avec ou sans prépositions, qui répondent aux questions « où ? », « quand ? », « comment ? », « combien ? » : Ce conteneur pèse combien ? *une tonne* (CC de mesure sans préposition). Toute la compagnie est allée où ? *à la campagne* (CC de lieu avec préposition).

4. Ces phrases ont le même sens.

La phrase pourrait être paraphrasée par « j'entends que la compagnie chante ». *Chanter* est le verbe d'une proposition dite « infinitive » qui complète les verbes de perception comme *voir, entendre, sentir*. Le sujet d'une proposition infinitive se place avant ou après le verbe à l'infinitif.

5. a. *homme* est un nom. b. *On* est un pronom.
Homme et *on* sont tirés du latin *homo*, mais fonctionnent différemment.
• *Homme* peut être mis au pluriel.
Ex. : *Les hommes sont fiers de leurs femmes.*
• *On* est une forme invariable.
Ex. : *On est fier de sa femme.*
• *Homme* est forcément masculin, le féminin serait « la femme ».
• *On* peut être masculin ou féminin.
Ex. : *On est cousins(es).*
ATTENTION ! *On* présente deux formes : la forme longue *l'on* et la forme courte *on*. La forme longue s'utilise pour éviter la rencontre de voyelles appelée « hiatus ».

6. pécheresse, actrice, monteuse, professeure, pêcheuse, impératrice, chasseresse[1], auteure.
Pour les mots en *-eur*, on distingue les féminins : en *-euse* (*monteuse, pêcheuse*) ; en *-trice* : (*impératrice, actrice*) ; en *-eresse* (*pécheresse, chasseresse*) ; en *-eure* (*professeure, auteure*).
ATTENTION ! • Les accents aigu et circonflexe distinguent les formes masculines *pécheur* (celui qui commet un péché) et *pêcheur* (celui qui pêche le poisson). • Les suffixes distinguent les formes féminines : *pécheresse* et *pêcheuse*.

7. robe, pneu, lady, bois, trou, sarrau, rail, récital, ténèbres, bonheur, mœurs, monsieur, chou.
• Le singulier des noms pluriel s'obtient en ôtant le *s* final : *robe, pneu, trou, sarrau, rail...*
• Certains noms ont la même forme au singulier et au pluriel car ils présentent déjà un *s* final (*bois*) ou n'existent pas au singulier (*ténèbres, mœurs*).
• Certains changent de forme car leur singulier est emprunté à une langue étrangère (*lady / ladies* en anglais) ou composé de deux mots différents (*mon-sieur / mes-sieurs*).

8. hiboux, gaz, émaux, cheveux, scenarii, maxima, bateaux, bas, bals, yeux, bœufs.
• Les mots en *-al* font leur pluriel en *-aux* : *animal > animaux*, sauf *récitals, bals, carnavals, régals, festivals* qui sont des exceptions à la règle.

1. On pourrait aussi dire *chasseuse*.

• Les mots en *-au* font leur pluriel en *-aux* : *seau* > *seaux*, sauf *sarraus* et *landaus* qui sont des exceptions à la règle.
• Les mots en *-ail* font leur pluriel en *-ails* : *détail* > *détails*, sauf *coraux, émaux, soupiraux, travaux* qui sont des exceptions à la règle.
• Les mots en *-eu* font leur pluriel en *-eux* : *cheveu* > *cheveux*, sauf *pneus, bleus, émeus* (oiseaux), *lieus* (poissons) qui sont des exceptions à la règle.
• Les mots en *-ou* font leur pluriel en *-ous* : *trou* > *trous*, sauf *choux, joujoux, genoux, hiboux, cailloux, poux* qui sont des exceptions à la règle.
• Certains noms ne distinguent pas les formes du singulier et du pluriel car ils se terminent par *-s, -z, -x* : *gaz, bas, voix*.
• Un nom très usité présente deux formes différentes au singulier et au pluriel : *œil* / *yeux*.
• Certains mots empruntés à des langues étrangères respectent (ou non) le pluriel de la langue d'origine : *maxima* (ou *maximums* ; *scenarii* (ou *scénarios*).
ATTENTION ! Le singulier et le pluriel de certains mots ne se prononcent pas de la même manière : le singulier *bœuf* prononcé « œuf » / le pluriel *bœufs* prononcé « beu ».

9. *amours-propres, après-midi, casse-tête, faire-part, arrière-boutiques, bateaux-mouches, sous-marins, bouche-trous, balais-brosses, pot-au-feu, gardes-chasses.*
Il y a trois cas de figures pour les noms composés.
• Ceux formés de deux noms ou d'un adjectif et d'un nom.
Ex. : *les amours-propres, les bateaux-mouches, les balais-brosses, les gardes-chasses*[1] (accord des deux éléments).
• Ceux formés d'un nom et d'une préposition, d'un nom et d'un verbe :
Ex. : *les arrière-boutiques, les sous-marins, les bouche-trous* (accord du nom seul).
• Ceux ne comportant ni nom ni adjectif :
Ex. : *les casse-tête, les faire-part* (pas d'accord).
ATTENTION ! Pour certains mots composés, le sens s'oppose à l'accord du nom.
Ex. : *les après-midi, les pot-au-feu* (il n'y a qu'un *midi* et qu'un *pot* sur le *feu*).

10. a. *elle* a emporté. b. *ils* ont renoncé. c. *elles* ont commis. d. *il* parle.

1. Deux pluriels sont possibles : *gardes-chasses* et *gardes-chasse*.

Les noms sujets se placent avant le verbe, les pronoms qui les remplacent aussi.
Le genre et le nombre des noms sont respectés selon les règles suivantes :
- au singulier :
  Ex. : *Elle l'a emportée* (genre féminin).
  Il parle (genre masculin).
- au pluriel :
  Ex. : *Elles ont commis* (genre féminin si tous les noms sont au féminin).
  Ils ont renoncé (le genre masculin l'emporte sur le féminin).

11. a. Le public *l'a* boudée. b. Je *les* chantai. c. Dorante *l'*a confié. d. Silvia *la* considère.
- Les noms COD se placent après le verbe.
- Les pronoms se placent avant le verbe et reprennent le genre et / ou le nombre du nom.

ATTENTION ! • Au pluriel, on ne distingue plus le genre des noms. Quel qu'il soit, il sera repris par le pronom personnel *les*.
Ex. : *Je les chantai* (*les* reprend *une aria et une cantate*).
- Les pronoms *le* et *la* s'écrivent *l'*au contact d'une voyelle, on ne peut plus alors distinguer le genre du pronom.
  Ex. : *Le public l'a boudée* (*l'* mis pour *la*).
  Dorante l'a confié (*l'* mis pour *le*).

12. a. *y* ont renoncé. b. ont renoncé *à eux*. c. s'*en* étonne. d. se préoccupe *de lui*.
- Lorsqu'un nom est précédé de la préposition *de*, il est repris par *en* ou par *de lui, d'elle*.
- Lorsqu'un nom est précédé de la préposition *à*, il est repris par *y* ou par *à lui, à elle*.

Ex. : *Les héritiers ont renoncé à leurs biens* (*à leurs biens* ne représente pas des personnes mais des objets, il est repris par *y*).

Les héritiers ont renoncé à leurs amis (*à leurs amis* représente des personnes, il est repris par *à eux* car c'est un masculin pluriel).

Mme d'Escarbagnas s'étonne de la mauvaise éducation de son valet (*de la mauvaise éducation de son valet* représente un défaut et non un homme, il est repris par *en*).

Chimène se préoccupe de Rodrigue (*de Rodrigue* représente un homme, il est repris par *de lui* car c'est un masculin singulier).

ATTENTION ! Les pronoms *en* et *y* peuvent reprendre des mots au singulier ou au pluriel.

13. Oui, mais les deux phrases n'ont pas le même sens : a. personne ne se plaignait du fait d'être taquinés b. personne ne se plaignait des danseurs.
• On peut se plaindre de *quelqu'un* (genre animé) ou de *quelque chose* (genre inanimé).
– Soit le complément de *se plaindre* renvoie au genre inanimé, on utilisera alors *en* : *On ne s'en plaignait pas.*
– Soit le complément de *se plaindre* renvoie au genre animé, on utilisera alors *d'eux* : *On ne se plaignait pas d'eux.*

14. b. L'ensemble des personnages de Molière n'est pas forcément sympathique.
Le verbe s'accorde avec *l'ensemble* qui exprime un pluriel mais s'accorde au singulier. Le fait de le considérer comme pluriel est compréhensible mais néanmoins fautif, c'est ce qu'on appelle un « accord par syllepse » (accord pour le sens et non pour la syntaxe).

15. oui.
Enfant et *amour* ont les deux genres.
• Au singulier, l'article indéfini permet de distinguer les genres : *un enfant doué, une enfant douée.*
• Au pluriel, l'adjectif marquera seul le genre : *des enfants blonds* ou *des enfants blondes.*
• *Amour* est un nom qui a changé de genre au cours des âges. Il était au féminin en ancien français puis est devenu masculin comme le mot latin *amor*[1]. Le français a conservé ce clivage de genre en instaurant le genre masculin au singulier : *un grand amour,* et féminin au pluriel : *des amours fatales* (c'est la même chose pour *délice* et *orgue*).

16. a. Le bétail semble capricieux.
Bétail n'existe qu'au singulier, le verbe s'accorde avec lui. Inversement, *représailles* n'existe qu'au pluriel, le verbe sera donc au pluriel : *Les représailles seront terribles.* On parle de « pluriel interne » dans les deux cas.

17. a. et **b.** Les deux phrases utilisent correctement le mot *hymne.*
Hymne a les deux genres. Il est masculin dans tous les cas sauf s'il désigne un chant religieux.

---

1. Ce sont les grammairiens du XVIe et du XVIIe siècle qui ont repris son genre originel.

18. oui. Tous ces mots ont un sens différent.
Les suffixes permettent de spécialiser l'emploi de mots de la même famille.
• Le *moulage* est l'action de fabriquer un moule, la *moulure* le résultat obtenu.
• La *renonciation*, c'est abandonner une charge, un trône ; le *renoncement* est un sacrifice que l'on s'impose par grandeur d'âme.
• L'*isolation*, c'est protéger quelque chose du bruit ou du froid, l'*isolement*, c'est s'isoler des êtres.

6

Chacun sa vérité [1]

Les pronoms

Le pronom est le héros qui fonctionne en étroite collaboration avec le verbe et a les mêmes fonctions que le nom (sujet, objet, complément circonstanciel).

Il représente le plus souvent un nom qu'il remplace dans la phrase afin d'éviter une répétition.

Il respecte le genre et le nombre du nom remplacé : on dit qu'il est « représentant ».

Ex. : *Édouard s'entraîne au poker. Édouard bluffe très bien.* → *Édouard s'entraîne au poker.* *Il* *bluffe très bien.*

Si le mot représenté n'est pas exprimé, il fonctionne comme un nom autonome : on dit qu'il est « nominal ».

Ex. : *Ils sont très courtois dans ce casino* (*Ils* représentent un ensemble de personnes sans en désigner aucune).

On distingue six catégories de pronom :

Pronoms personnels

personne	sujet	COD	COI
1re pers. sing.	*je*	*me*	*me*
2e pers. sing.	*tu*	*te*	*te*
3e pers. sing. fém.	*elle*	*la*	*lui*
3e pers. sing. masc.	*il*	*le*	*lui*
3e pers. sing. (réfléchi)	*se*	*se*	*se*
1re pers. plur.	*nous*	*nous*	*nous*

1. Pièce de Luigi Pirandello, auteur italien du XXe siècle, prix Nobel de littérature en 1934.

2ᵉ pers. plur.	*vous*	*vous*	*vous*
3ᵉ pers. plur. fém.	*elles*	*les*	*leur*
3ᵉ pers. plur. masc.	*ils*	*les*	*leur*
3ᵉ pers. plur. (réfléchi)	*se*	*se*	*se*

Pronoms possessifs

personne		**élément représenté sing. / plur.**
1ʳᵉ pers. sing.	fém. masc.	*la mienne, les miennes* *le mien, les miens*
2ᵉ pers. sing.	fém. masc.	*la tienne, les tiennes* *le tien, les tiens*
3ᵉ pers. sing.	fém. masc.	*la sienne, les siennes* *le sien, les siens*
1ʳᵉ pers. du plur.	fém. masc.	*la nôtre, les nôtres* *le nôtre, les nôtres*
2ᵉ pers. du plur.	fém. masc.	*la vôtre, les vôtres* *le vôtre, les vôtres*
3ᵉ pers. plur.	fém. masc.	*la leur, les leurs* *le leur, les leurs*

Pronoms démonstratifs

genre	**forme simple sing. / plur.**	**forme composée sing. / plur.**
fém.	*celle / celles*	*celle-ci / celles-ci* *celle-là / celles-là*
masc.	*celui / ceux*	*celui-ci / ceux-ci* *celui-là / ceux-là*
neutre	*ce*	*ceci* *cela / ça*

Pronoms relatifs

• Les pronoms relatifs de forme simple sont invariables : *qui, que, quoi, dont, où.*
• Les pronoms relatifs de forme composée varient en genre et en nombre et se combinent à des prépositions.

genre	sing.	plur.
fém.	*laquelle*	*lesquelles*
avec *de*	*de laquelle*	*desquelles*
avec *à*	*à laquelle*	*auxquelles*
masc.	*lequel*	*lesquels*
avec *de*	*duquel*	*desquels*
avec *à*	*auquel*	*auxquels*

Pronoms interrogatifs

Les pronoms interrogatifs ont les mêmes formes que les pronoms relatifs (seuls *dont* et *où* sont spécifiquement des pronoms relatifs).
On peut ajouter les formes utilisées dans l'interrogation directe : *qu'est-ce que, qu'est-ce qui, qui est-ce que, qui est-ce qui.*

Pronoms indéfinis

Ils expriment : la quantité (*tout, aucun, nul, pas un, personne, rien*), l'identité (*même, autre, tel*), le nombre (*certain, plusieurs, chacun, quelques*).

1. Parmi ces modes, lequel n'est jamais accompagné du pronom personnel sujet ?
❐ le conditionnel
❐ le subjonctif
❐ l'impératif

2. On confond parfois les deux pronoms démonstratifs *ce* et *ceux* qui se prononcent de la même manière. Distinguez-les dans ces phrases en remplissant les espaces avec la forme qui convient :
a. ...... qui aiment la musique vont au festival de Salzbourg.
b. Les plus valeureux combattants sont ...... que le roi a anoblis.
c. ...... qui me plaît est à la portée de ma bourse.
d. Tu me diras ...... que tu veux faire après le concert.

3. Plusieurs pronoms personnels sont utilisés dans chacune des phrases suivantes, mais sont-ils dans le bon ordre à chaque fois ? Faites les corrections nécessaires.

a. Je la lui prends des mains.
b. Dis-moi-le sans t'énerver.
c. Répète-le-nous avec l'intonation.

4. Vous choisirez *se* pronom réfléchi ou *ce* pronom démonstratif pour compléter les phrases suivantes :
a. ...... faisant passer pour une servante, Bérengère a trompé son monde.
b. Vous mentez ...... faisant, vous n'êtes pas crédible à mes yeux.
c. Tiens ! ...... est une drôle d'histoire !
d. Il ...... est passé une drôle d'histoire.

5. On ne sait jamais écrire *leur*. Il est invariable si c'est un pronom et variable s'il précède un adjectif. Complétez les phrases suivantes.
a. Géronte ...... paraît incapable de comprendre.
b. Pourquoi croire ...... histoires ?
c. Mes lois sont implacables, les ...... paraissent clémentes.

6. Un pronom remplace un nom, un adjectif accompagne un nom. Ils ont deux formes distinctes, mais certains mots ne distinguent pas les formes d'adjectif et de pronom. Dans la liste suivante, quels mots ne sont que pronoms et lesquels ne sont qu'adjectifs ?
chaque, lequel, soi, son, certains, ce, vous, leur

7. Quelle est l'expression correcte ?
❒ ceci dit ❒ cela dit

8. Le pronom *tout* varie-t-il en genre et en nombre dans les phrases suivantes ? À vous de les compléter.
a. ...... est parfait dans votre exposé.
b. Tes filles sont vives, ... ont compris la leçon.
c. Les acteurs s'adressent aux spectateurs, à ......

9. Parfois, certaines phrases se ressemblent beaucoup. Quelle est la bonne tournure ?
A.
a. Je ne sais pas *ce qu'il* se passe.
b. Je ne sais pas *ce qui* se passe.
B.
a. *Est-ce que* la neige fond ?
b. *Es-que* la neige fond ?

c.
a. Dis-moi *qu'est-ce* que tu as.
b. Dis-moi *ce que* tu as.

10. Les verbes impersonnels ne se conjuguent qu'avec le pronom personnel *il*. Ce pronom ne se réfère à aucun nom dans la phrase, on dit qu'il est de forme « neutre ». Où est ce pronom neutre dans les phrases suivantes ?
a. Il pleut des cordes.
b. Il est possible d'emprunter votre agrafeuse ?
c. Il fait chaud comme dans un four.
d. Il approuve le choix de Solange.

11. Repérez le sujet dans ces interrogations directes.
a. Connaissez-vous cet homme ?
b. Bérénice aimait-elle Titus ?

12. Trouvez le masculin singulier de chacun de ces pronoms.
auxquelles, celle-ci, certaines, quelques-uns, qui, vous, la leur

13. Examinez ces deux phrases. Quelle est, selon vous, la particularité du pronom *vous* lorsque l'on vouvoie une personne ?
Vous êtes heureuse.
Prenez vous-même votre vie en main.

14. À quelles personnes renvoient les pronoms démonstratifs *celle-là* et *celle-ci* utilisés dans la phrase suivante ?
Phèdre et Ariane sont sœurs. *Celle-là* a épousé Thésée, *celle-ci* a aidé le héros à sortir du Labyrinthe.

15. Ces deux phrases, comportant le pronom personnel *nous*, sont-elles bien accordées ?
Nous sommes contents.
Nous sommes rassuré.
❒ oui ❒ non

16. Comment distinguer *soi* (pronom personnel réfléchi) et *soit* (subjonctif du verbe *être*) ?
Le verbe est précédé d'un sujet : *Je veux qu'il soit béni !*
Le pronom complète une préposition : *Ce n'est pas mal en soi.*
Complétez, comme il convient, les phrases suivantes :

a. Il va de ...... que nous nous reverrons demain.
b. Qu'il ...... en colère est inhabituel.
c. Que penser de ce ...... disant comédien ?

17. Les noms sont souvent repris par des pronoms pour éviter les répétitions. Les phrases suivantes sont-elles correctes ?
a. Elle aime jouer la comédie, Camille.
b. Camille, elle aime jouer la comédie.
❒ oui ❒ non

Réponses

1. l'impératif.
Ce mode se conjugue sans pronom personnel sujet, la terminaison donne la personne.

Ex. : *prends* ! (2e pers. du singulier) ; *prenons* ! (1re pers. du pluriel) ; *prenez* ! (2e pers. du pluriel).

ATTENTION ! Si un pronom est utilisé avec l'impératif, il ne pourra jamais être sujet.

Ex. : *Allons-nous-en !* (*nous* est l'objet, il s'agit du verbe *s'en aller*).

2. a. *ceux*. b. *ceux*. c. *Ce*. d. *ce*.
Dans nos exemples, les pronoms démonstratifs sont suivis des pronoms relatifs *qui* ou *que*.
- *Ceux qui / ceux que* peuvent être remplacés par « les personnes qui / que », *ce qui / ce que* par « *la chose qui / la chose que* ».
- *Ceux* marque un pluriel, l'accord du verbe permet de le vérifier : *Ceux qui aiment la musique vont au festival de Salzbourg* ; *Les plus valeureux combattants sont ceux que le roi a anoblis.*
- *Ce* est une forme neutre toujours au singulier : *Ce qui me plaît est à la portée de ma bourse* ; *Tu me diras ce que tu veux faire après le concert.*

ATTENTION ! N'oubliez pas de bien accorder les participes passés avec *ceux qui / ceux que*.

Ex. : *Ceux qui sont passés. Ceux que vous avez rencontrés.*

3. Il faut corriger la phrase **b. : *Dis-le-moi***.
La position des pronoms dépend du mode du verbe. Les règles distinguent l'impératif de tous les autres modes.
- À l'impératif, les pronoms se placent après le verbe. Le COD est en première position puis vient le COI.

Ex. : *Dis-le-moi* (*le* est COD et *moi* est COI).
- Aux autres modes, les pronoms se placent avant le verbe. Le COD est en première position puis vient le COI.

Ex. : *Je la lui prends* (*la* est COD et *lui* est COI).

4. a. *Se*. b. *Ce*. c. *C'est*. d. *s'est*.
- Le pronom démonstratif *ce* pourrait être remplacé par *cela*.

Ex. : *Ce faisant* > *Cela faisant.*
C'est une drôle d'histoire > *Cela est une drôle d'histoire.*
- Le pronom personnel réfléchi *se* permet de conjuguer un verbe pronominal. On peut l'identifier grâce à l'infinitif.

Ex. : *Se faisant passer* > *Se faire passer.*

Il s'est passé une drôle d'histoire > *Se passer une drôle d'histoire.*

5. a. *leur*. b. *leurs*. c. *leurs*.

• Le pronom personnel *leur* est toujours invariable et précède un verbe.

Ex. : *Géronte leur paraît* (*leur* est COI de *semble*).

• L'adjectif possessif *leur / leurs* est variable en nombre et précède un nom.

Ex. : *Pourquoi croire leurs histoires ?* (*leurs* précède le nom *histoires* : il s'accorde au pluriel).

ATTENTION ! Le pronom possessif *le leur / la leur / les leurs* est variable en genre et en nombre. Il est toujours précédé d'un article et au contact du verbe.

Ex. : *Mes lois sont implacables, les leurs paraissent clémentes* (*les leurs* reprend *lois*, c'est un féminin pluriel).

6. Pronoms : ***soi*, *vous*** ; adjectifs : ***chaque*, *son*** ; adjectifs ou pronoms : ***lequel*, *certains*, *ce*, *vous*, *leur***.

• Le pronom a les mêmes fonctions que le nom qu'il remplace.

Ex. : *Vous êtes impressionnés par ses progrès* (sujet).
Soi est un autre (sujet).

• L'adjectif complète un nom avec lequel il s'accorde :

Ex. : *Chaque leçon présente une difficulté.*
Son vocabulaire s'enrichit sans cesse.

ATTENTION !

• Certains mots fonctionnent comme pronom et adjectif.

Ex. : *Lequel aimez-vous ?* (pronom) ≠ *Laquelle maison était à vendre* (adjectif).

Certains sont grands (pronom) ≠ *Certaines personnes sont grandes* (adjectif).

Ce fut un bon moment (pronom) ≠ *Ce chien est intelligent* (adjectif).

Il leur plut aussitôt (pronom) ≠ *Leur prêt est avantageux* (adjectif).

• Généralement, les formes d'adjectif et de pronom sont différentes :

	adjectif	**pronom**
indéfini	*chaque élève*	*chacun a compris*
indéfini	*quelques nouvelles*	*quelqu'un sait*
possessif	*son chien*	*le sien est beau*

7. cela dit.

• *Ceci* et *cela* sont des pronoms démonstratifs neutres, composés de *ce* et des marques de la proximité (*ci*) ou de l'éloignement (*là*).

• *Ceci* annonce ce qui va être dit, *cela* ce qui vient de l'être. *Cela dit* est la seule tournure possible.

ATTENTION ! Au masculin et au féminin, les formes ont un accent grave : *celui-là, celle-là, ceux-là, celles-là.*

Ex. : *Celui-ci est un bon interprète.*

Mais le neutre n'a pas d'accent.

Ex. : *Cela est un pur bijou.*

8. a. *Tout*. b. *toutes*. c. *tous*.

• Le pronom *tout* est sujet des verbes : *Tout est parfait dans votre exposé* (masculin singulier) ; *Toutes ont compris la leçon* (féminin pluriel).

• Le pronom est complément du verbe : *Les acteurs s'adressent à tous* (COI).

ATTENTION ! Il ne faut pas confondre :

• le pronom qui complète le verbe et fonctionne comme un nom.

Ex. : *Tous portent une cravate* (fonction sujet).

• l'adverbe invariable suivi d'un adverbe ou d'un adjectif.

Ex. : *Elle parle tout bas* (*tout* modifie l'adverbe *bas*).

• l'adjectif variable suivi d'un nom.

Ex. : *Il a récrit toute la symphonie* (*tout* qualifie *symphonie*).

9. A. b. *ce qui*. B. a. *Est-ce que*. C. b. *ce que*.

• *Ce qui* est sujet du verbe *se passer*, il signifie « la chose qui ». Ex. : *Je ne sais pas ce qui se passe*[1].

• *Est-ce que* est la forme interrogative de *c'est que*. Le verbe s'orthographie *est* et non « es ».

Ex. : *Est-ce que la neige fond ?* (forme interrogative) ; *C'est que la neige fond* (forme affirmative).

• *Ce que* s'utilise dans une interrogation indirecte et ne doit pas être confondu avec *qu'est-ce que* utilisé dans l'interrogation directe.

Ex. : *Dis-moi ce que tu as* (interrogation indirecte) ; *Qu'est-ce que tu as ?* (interrogation directe).

1. Si l'on voulait utiliser *ce qu'il*, il faudrait un autre verbe : *Je ne sais pas ce qu'il veut dire* (*ce que* est objet du verbe *vouloir dire*, *il* est le sujet).

10. a. *Il* pleut. b. *Il* est possible. c. *Il* fait chaud.
On retrouve le pronom *il* de forme neutre avec :
- les verbes météorologiques ;
  Ex. : *Il pleut, il neige, il vente.*
- les verbes exprimant l'obligation ou la possibilité ;
  Ex. : *Il faut, il se peut, il est possible.*
- les verbes exprimant l'existence ;
  Ex. : *Il est, il existe, il y a.*
- le verbe *faire* suivi d'un adjectif ou d'un nom.
  Ex. : *Il fait beau, il fait jour.*

ATTENTION ! Le pronom n'est plus de forme neutre s'il est identifiable :

Ex. : *Il approuve le choix de Solange* (*Il* désigne quelqu'un. On pourrait transformer la phrase en : « Le choix de Solange est approuvé par lui »).

11. a. *vous*. b. *Bérénice, elle*.
Il existe deux types d'interrogations directes, que l'on distingue grâce au sujet.
- Si le sujet est un pronom personnel.
  Ex. : *Connaissez-vous cet homme ?* (le pronom vous s'inverse et se joint au verbe par un trait d'union. C'est une interrogation dite « simple »).
- Si le sujet est un nom, il est repris par un pronom personnel.
  Ex. : *Bérénice aimait-elle Titus ?* (le sujet Bérénice ne s'inverse pas et est repris par le pronom elle qui s'inverse, c'est une interrogation dite « complexe »).

ATTENTION ! L'interrogation complexe est obligatoire :
- Quand la question est introduite par *pourquoi*.
  Ex. : *Pourquoi Dom Juan séduisait-il les femmes ?*
- Quand le verbe est négatif.
  Ex. : *Mozart n'était-il pas un génie ?*
- Quand le verbe est suivi d'un COD.
  Ex. : *Agamemnon sacrifiait-il sa fille sans remords ?*

12. *auquel, celui-ci, certain, quelqu'un, qui, vous, le leur.*
Certains pronoms ne varient ni en genre ni en nombre : *qui, vous*. D'autres présentent des formes distinctes :

singulier fém. / masc.	**pluriel fém. / masc.**
à laquelle / auquel	*auxquelles / auxquels*
celle-ci / celui-ci	*celles-ci / ceux-ci*

certaine / certain	*certaines / certains*
quelqu'une / quelqu'un	*quelques-unes / quelques-uns*
la leur / le leur	*les leurs / les leurs*

13. Le pronom *vous* est considéré comme singulier.
• Dans le vouvoiement, *vous* ne représente qu'une seule personne. C'est un *tu* que l'on garde à distance parce qu'il s'agit d'un inconnu ou d'un supérieur. On dit que c'est un « *tu* amplifié ». Il faut alors accorder tous les adjectifs au sing. en respectant le genre.

Ex. : *Vous êtes heureuse* (*heureuse* est au féminin singulier).

Prenez vous-même votre vie en main (*même* est au singulier).

ATTENTION ! Dans les autres cas, le pronom *vous* représente un pluriel. C'est un « tu » associé à quelqu'un d'autre.

Ex. : *M. Smith et toi, vous êtes voisins* (le mot *voisins* s'accorde au pluriel).

14. *celle-là* renvoie à Phèdre et *celle-ci* à Ariane.
• *Celle-là* représente le nom le plus éloigné, soit le premier cité, *Phèdre*. *Celle-ci* renvoie au nom le plus proche, *Ariane*, et pourrait être remplacé par « cette dernière » (Phèdre est l'épouse de Thésée, qui put sortir du Labyrinthe grâce au fil d'Ariane).
ATTENTION ! *Celle-ci* et *celle-là* peuvent à tour de rôle être en première position.

Ex. : *Phèdre et Ariane sont sœurs. Celle-ci a été trahie par Thésée, celle-là est tombée amoureuse de son beau-fils.*

15. oui.
• *Nous* est un pluriel unissant « je » et quelqu'un d'autre.

Ex. : *Jean et moi, nous sommes contents.*

• *Nous* peut être un singulier qui ne représente qu'une personne. C'est le *nous* de majesté que l'on appelle aussi « *je* amplifié ».

Ex. : *Nous, roi Ubu, déclarons que nous sommes ravi d'être au pouvoir.*

ATTENTION ! Le *nous* de majesté permet à un souverain de mettre des distances avec son interlocuteur.
Pour parvenir au même résultat, il pourrait aussi utiliser la 3e pers. du singulier.

Ex. : *Le roi voudrait son épée* (le roi s'adresse à son écuyer).

16. a. Il va de *soi*. b. *soit*. c. *soi-*.
Il y a quelques astuces pour distinguer le verbe et le pronom.

• Le verbe *soit* est accompagné du pronom *il.*

Ex. : *Je veux qu'il soit content.*

• En changeant le pronom sujet, on vérifiera que *soit* est bien un verbe.

Ex. : *Que nous soyons en colère.*

• Le pronom réfléchi *soi* s'utilise après une préposition (*pour, en, de*).

Ex. : *Il va de soi que nous nous reverrons demain.*

ATTENTION ! • *Soi-disant* est composé du pronom réfléchi *soi* et du participe présent *disant*, l'expression est donc invariable. *Soi-disant* a le sens de « qui se dit tel » : il ne peut qualifier qu'un être humain capable de parler. *Un soi-disant comédien* a le sens de « un homme qui se dit comédien ». On ne pourra pas dire *une maison soi-disant solide* car une maison ne peut pas « se dire solide ». Il faudra utiliser la formule « une maison prétendument solide ».

17. oui.

À l'oral, les pronoms peuvent avoir un effet d'insistance et servent à mettre en valeur le nom.

Ex. : *Elle aime jouer la comédie, Camille.*

Il y a un effet d'attente. Le pronom *elle* pourrait annoncer n'importe quelle femme (le mystère est levé quand le nom est exprimé).

Ex. : *Camille, elle aime jouer la comédie.*

Le pronom est superflu, on pourrait dire *Camille aime jouer la comédie.* On insiste doublement sur le sujet par la virgule et le pronom.

7

L'article 330 [1]

Les articles

L'article est le confident le plus étroitement attaché au nom. Son absence est rare et rend la phrase bancale.

Les articles sont des mots variables qui précèdent le nom dont ils annoncent le genre (masculin ou féminin) et le nombre (singulier ou pluriel).

Il y a trois sortes d'articles :

L'article défini (image générale du nom)

sing.	**plur.**
fém. / masc.	fém. / masc.
la (partie) / le (parti)	*les (parties) / les (partis)*

L'article indéfini (image particulière du nom)

sing.	**plur.**
fém. / masc.	fém. / masc.
une (partie) / un (parti)	*des (parties)/ des (partis)*

L'article partitif (image partielle du nom)

sing.	**plur.**
fém. / masc.	fém. / masc.
de la (farine) / du (pain)	*des (farines) / des (pains)*

1. Pièce de Georges Courteline, auteur français du XIXe siècle.

1. Nous avons oublié tous les articles dans ces phrases. À vous de les compléter.
a. Il était ...... fois ...... prince.
b. Il faut compléter ...... questionnaire qui vous a été remis.
c. Il y a ...... eau si tu en veux.

2. Repérez les mots qui fonctionnent comme des articles dans ces phrases :
a. Ce canapé est en cuir véritable.
b. Ton agenda est sur ton bureau.
c. Nous ignorons quelle semaine ils viennent.
d. J'ai trois frères au Canada.

3. Vous repérerez les articles dans les phrases suivantes.
a. Pour maigrir, il faut boire de l'eau et de la soupe.
b. Nous avons de bons candidats cette année.
c. Vous aviez des contrôles sanguins à faire.
d. Je n'implore pas de pitié.
e. Admire le fini de mes chaussures.

4. L'article indéfini *un* et le nombre *un* ont la même origine.
❒ vrai ❒ faux

5. Voyez-vous une différence de sens entre « Un agneau est le symbole de la douceur » et « L'agneau est le symbole de la douceur » ?
❒ oui ❒ non

6. Imaginez le début d'une fable ou d'un conte. La première fois que le narrateur vous présente son personnage principal, utilise-t-il l'article défini *la* / *le* ou l'article indéfini *une* / *un* ?

7. Les noms sont précédés d'un article en français. Pourtant, dans certains cas, il n'y en a pas.
Complétez, si besoin est, les phrases suivantes.
a. Robinson a cherché ...... fortune.
b. Vous avez hérité ...... petite fortune.
c. ...... attention ! cria-t-il.
d. ...... attention est une qualité.
e. Armande Béjart était ...... actrice connue.
f. Armande Béjart était ...... actrice.

8. N'importe quel mot précédé d'un article peut être utilisé comme nom.
❒ vrai ❒ faux

9. Choisissez la bonne formulation.
a. Tartuffe est une espèce de faux dévot.
b. Tartuffe est un espèce de faux dévot.

10. Les articles ne peuvent pas précéder un pronom.
❒ vrai ❒ faux

11. Parfois les articles se combinent avec des prépositions. Serez-vous capable de trouver les bonnes formes ?
a. Il va *(à) la* montagne.
b. Il arrive *(de) le* marché.
c. Je fais une soupe *(à) les* légumes.
d. Elles parlent *(de) les* vacances.

12. Si vous trouvez des articles fautifs dans ces phrases, corrigez-les :
a. Vous prendrez *des* asperges.
b. Je n'ai pas emporté *des* stylos.
c. Je n'ai pas tricoté *des* chaussettes.

13. L'adjectif *tout* n'a pas le même sens s'il est suivi ou non d'un article. À vous de saisir la différence entre :
a. Toute subtilité est appréciée par Cécile.
b. Le comte Almaviva n'aime pas toutes les subtilités de Figaro.

Réponses

1. a. *une* fois, *un* prince. b. *le* questionnaire. c. *de l'*eau.

• L'article indéfini *une / un* signale que le nom est inconnu ou unique.

Ex. : *un prince* (on pourrait dire « un certain » prince).
un diamant incomparable (on pourrait dire « un unique » diamant).

• L'article défini *la / le* précède un nom connu ou déterminé.

Ex. : *le soleil* (on pourrait dire « notre » soleil).
le questionnaire qui vous a été remis (on pourrait dire « ce » questionnaire).

• L'article partitif *de la / du* est utilisé devant les noms indivisibles dont on veut prélever une partie.

Ex. : *de l'eau, du marbre, de la gentillesse.*

2. a. *Ce*. b. *Ton*. c. *quelle*. d. *trois*.

Ce sont les adjectifs démonstratif : *ce* (*canapé*) ; possessif : *ton* (*agenda*) ; interrogatif : *quelle* (*semaine*) ; numéral : *trois* (*frères*). Ils fonctionnent comme des articles et sont suivis immédiatement par des noms, on dit qu'ils sont « déterminatifs ».

3. a. *de l'*eau et *de la* soupe. b. *de* bons candidats. c. *des* contrôles. d. *de* pitié. e. *le* fini.

• L'article partitif (*de la / de l'*) précède des noms dont on prélève une partie.

Ex. : *Il faut boire de l'eau et de la soupe.*

• L'article indéfini pluriel *des* se transforme en *de* lorsque l'adjectif précède le nom.

Ex. : *des candidats dociles* devient *de dociles candidats.*

4. vrai.

Ils viennent du latin *unus* qui signifie « un seul ».

Ex. : *Je veux un croissant et deux pains au lait.*

5. Oui. La manière d'envisager le nom *agneau* n'est pas la même.

Ex. : *Un agneau est le symbole de la douceur* (Un a le sens d'« un certain agneau auquel je pense »).
L'agneau est le symbole de la douceur (L[e] a un sens plus général, il symbolise la douceur sans exemple précis).

6. l'article indéfini une / un.

Pensez à la fable *La grenouille qui veut se faire aussi grosse que le bœuf* : « *Une* grenouille vit *un* bœuf. » C'est généralement l'article indéfini que l'on utilise au début d'une fable car les personnages sont encore inconnus du lecteur.

7. Il fallait compléter ainsi les phrases suivantes : b. *une* petite fortune. d. *L'*attention. e. *une* actrice connue.
Le français utilise l'article devant tous les noms communs et jamais devant les noms propres. On notera plusieurs cas où l'article n'est pas utilisé. On parle d'article « zéro » :
- quand le nom est utilisé dans une expression ancienne (l'ancien français utilisant très peu d'articles) ;
  Ex. : *élire domicile, faire fortune, perdre patience.*
- quand le nom est un signal ;
  Ex. : *Rideau ! Prudence !*
- quand le nom s'utilise comme un adjectif.
  Ex. : *tarte maison, porte-fenêtre.*

ATTENTION ! Si le nom est utilisé comme adjectif attribut, il n'a pas d'article.
Ex. : *Elvis Presley était chanteur.*
Mais si le nom est lui-même qualifié par un adjectif, l'article est obligatoire.
Ex. : *Elvis Presley était un chanteur de rock n'roll.*

8. vrai.
Tout mot précédé d'un article peut devenir un nom : *le coucher* : verbe devenu nom ; *un juste* : adjectif devenu nom ; *le trop* : adverbe devenu nom.
On peut créer autant de noms qu'il y a de mots. C'est une particularité syntaxique appelée « substantivation ».

9. a. Tartuffe est une espèce de faux dévot.
Espèce est un mot féminin quel que soit le complément. Un nom n'est pas un adjectif qui change de genre en fonction des mots qui le complètent.

10. faux.
- Tous les pronoms possessifs sont précédés de l'article.
  Ex. : *la mienne, le mien, les mien(ne)s.*
- De même, les pronoms relatifs et interrogatifs de formes composées intègrent l'article.
  Ex. : *laquelle, lequel, lesquelles, lesquels.*

11. a. *à la*. b. *du*. c. *aux*. d. *des*.
Les articles masculins ne peuvent se combiner qu'aux prépositions *de* et *à* : *du* < *de* + *le* ; *des* < *de* + *les* ; *au* < *à* + *le* ; *aux* < *à* + *les*[1]

1. L'article féminin et la préposition se juxtaposent : *à* + *la* > *à la* ; *de* + *la* > *de la*.

12. Il faut corriger ainsi les phrases suivantes : **b. *de* stylos. c. *de* chaussettes.**
Quand l'article indéfini pluriel *des* est dans une phrase négative, il se transforme en *de*.

Ex. : *J'ai emporté des stylos* (forme affirmative) mais : *Je n'ai pas emporté de stylos* (forme négative).

13. Il faut comprendre : **a. n'importe quelle subtilité. b. les subtilités dans leur ensemble.**
- L'adjectif *toute* est indéfini quand aucun article ne le suit.
- L'adjectif *toutes* est qualificatif quand il est suivi de l'article.

ATTENTION ! Ne confondez pas l'adjectif *tout* et l'adverbe *tout* dans un cas très particulier : lorsque l'adverbe *tout* est suivi d'un adjectif féminin commençant par une consonne, il varie en genre et en nombre.

Ex. : *Caroline est toute petite par rapport à ses camarades.*

Mais on écrira :

Caroline est tout étonnée (l'adjectif commence par une voyelle).

8

Les poissons rouges [1]

Les adjectifs

L'adjectif est toujours associé au nom, c'est son confident. Il y a deux catégories d'adjectifs dont le fonctionnement diffère.

• La première catégorie d'adjectifs est proche des articles. Ils sont indispensables au sens du nom et ne peuvent pas être supprimés. On les appelle adjectifs « déterminatifs ».

Ex. : *Cet arbre domine la colline.*

• La seconde catégorie d'adjectifs sert à qualifier le nom. Ils peuvent se combiner avec l'adjectif déterminatif. On les appelle adjectifs « qualificatifs ».

Ex. : *Ce grand arbre domine la colline.*

1. Les adjectifs déterminatifs

A. LES ADJECTIFS NUMÉRAUX

cardinaux	**ordinaux sing.**	**ordinaux plur.**
une / un	*première / premier*	*premières / premiers*
deux	*deuxième, seconde / second*	*deuxièmes, secondes / seconds*
trois	*troisième*	*troisièmes*
quatre	*quatrième*	*quatrièmes*
cinq	*cinquième*	*cinquièmes*
dix	*dixième*	*dixièmes*
onze	*onzième*	*onzièmes*
douze	*douzième*	*douzièmes*

1. Pièce de Jean Anouilh, auteur français du XXe siècle.

vingt	*vingtième*	*vingtièmes*
vingt et un	*vingt et unième*	*vingt et unièmes*
vingt-deux	*vingt-deuxième*	*vingt-deuxièmes*
soixante-dix	*soixante-dixième*	*soixante-dixièmes*
quatre-vingt-dix	*quatre-vingt-dixième*	*quatre-vingt-dixièmes*

B. Les adjectifs démonstratifs

féminin	**sing.**	**plur.**
formes simples	*cette crevette*	*ces crevettes*
formes composées	*cette crevette-ci, cette crevette-là*	*ces crevettes-ci, ces crevettes-là*

masculin	**sing.**	**plur.**
formes simples		
– devant consonne	*ce poisson*	*ces poissons*
– devant voyelle	*cet ami*	*ces amis*
formes composées		
– devant consonne	*ce poisson-ci, ce poisson-là*	*ces poissons-ci, ces poissons-là*
– devant voyelle	*cet ami-ci, cet ami-là*	*ces amis-ci, ces amis-là*

C. Les adjectifs possessifs

personne	**féminin**	**masculin**
1re pers. du sing.	*ma mer / mes mers*	*mon horizon / mes horizons*
2e pers. du sing.	*ta mer / tes mers*	*ton horizon / tes horizons*
3e pers. du sing.	*sa mer / ses mers*	*son horizon / ses horizons*
1re pers. du plur.	*notre mer / nos mers*	*notre horizon / nos horizons*

2e pers. du plur.	*votre mer / vos mers*	*votre horizon / vos horizons*
3e pers. du plur.	*leur mer / leurs mers*	*leur horizon / leurs horizons*

D. LES ADJECTIFS EXCLAMATIFS

genre	sing.	plur.
fém.	*quelle (crevette)*	*quelles (crevettes)*
masc.	*quel (poisson)*	*quels (poissons)*

E. LES ADJECTIFS INTERROGATIFS

genre	sing.	plur.
fém. avec *de* avec *à*	*laquelle (crevette)* *de laquelle* *à laquelle*	*lesquelles (crevettes)* *desquelles* *auxquelles*
masc. avec *de* avec *à*	*lequel (poisson)* *duquel* *auquel*	*lesquels (poissons)* *desquels* *auxquels*

F. LES ADJECTIFS INDÉFINIS

- Ils marquent la quantité : *tout crustacé, aucun crustacé, nul crustacé, pas un crustacé.*
- Ils marquent l'identité : *le même crustacé, l'autre crustacé, tel crustacé.*
- Ils marquent le nombre : *certains crustacés, plusieurs crustacés, chaque crustacé, quelques crustacés.*

2. Les adjectifs qualificatifs

Les adjectifs qualificatifs peuvent avoir trois fonctions : épithètes, attributs ou apposés.

A. LA FONCTION ÉPITHÈTE : les adjectifs se rattachent directement au nom qu'ils caractérisent.

Ex. : *un beau brelan.*

B. LA FONCTION ATTRIBUT : les adjectifs se rapportent soit au sujet soit au complément d'objet direct du verbe.

Ex. : *Il est grand* (se rapporte au sujet).

Ex. : *Je trouve ton riz excellent* (se rapporte à l'objet).

C. LA FONCTION APPOSITION : les adjectifs se rattachent plus librement au nom, ils en sont séparés par une virgule.

Ex. : *Très content, Joseph chantonnait.*

1. Quel est le synonyme de l'adjectif *certain* dans les phrases suivantes ?
a. Lorenzaccio a un *certain* charme.
= un **i** _ _ _ _ _ _ _ _ _ _ _ _ _ **e** charme
b. Philippe Strozzi a un âge *certain*.
= un âge **b** _ _ **n d** _ _ _ _ **i**

2. Doit-on dire une *colombe blanche* ou une *blanche colombe* ?

3. *Quelque* ou *quel que* est un dilemme cornélien : il faut distinguer l'adjectif relatif *quel... que* et l'adjectif indéfini *quelque*. *Quel* s'accorde en genre et en nombre avec le sujet (*quelles que soient les règles*). *Quelque* s'accorde en nombre avec le nom qui le suit (*quelques photos qu'il prenne*). Complétez les phrases suivantes avec la forme qui convient :
a. Harpagon ne vous paiera pas ...... soit le motif de votre demande.
b. Elsa ne vous pardonnera pas ...... soient vos excuses.
c. Nous avons acheté ...... provisions pour la route.

4. Les adjectifs de couleur sont généralement variables sauf s'ils sont composés de deux adjectifs : *des robes rouge foncé* ou s'ils sont tirés d'un nom : *des rideaux marron*. Comment accorderiez-vous les adjectifs dans les phrases suivantes ?
a. Cette robe (*noir*) te va à ravir.
b. Mes fauteuils (*orange*) ont beaucoup de succès.
c. La peinture (*bleu clair*) est idéale dans ma chambre.

5. Accordez les adjectifs qualificatifs dans ces phrases :
a. La (*majeur*) partie de la maison a été détruite par l'orage.
b. Arlequin a (*plusieurs*) idées en tête.
c. Les arguments de Philinte sont (*clair*) comme de l'eau de roche.
d. Vos réponses sont vraiment (*ambigu*).

6. Certains noms ont changé de genre au cours de l'histoire de la langue. L'usage a conservé le masculin et le féminin pour un nombre réduit de mots. À vous d'accorder les adjectifs suivants :
a. Les orgues (*impressionnant*) de l'église Saint-Sulpice résonnaient.
b. Les (*bon*) gens de la ville accouraient.

7. *Communiquant* et *communicant*. Les deux orthographes sont-elles possibles ?

8. Pourrez-vous trouver le participe présent et l'adjectif verbal à partir de ces infinitifs ? Ce sont deux orthographes différentes.
précéder, savoir, différer, fatiguer, pouvoir, provoquer.

9. Les adjectifs composés unissent deux adjectifs : comment les accorder dans ces phrases ?
a. Le langage des (*sourd-muet*) est utilisé dans certains spectacles.
b. Toutes les expositions (*extrême-oriental*) m'enchantent.
c. Gardez les yeux (*grand ouvert*) sur le monde.

10. Les adjectifs proposés sont-ils bien placés par rapport aux noms ? Si ce n'est pas le cas, remettez-les au bon endroit dans ces phrases :
a. Othello est atteint d'une *mortifiante* jalousie.
b. Inès a considéré ses épreuves *passées* comme une force.
c. Iago, empli de *noirs* desseins, revêt ses gants *jaunes*.
d. Bandolphe et Pistolet souffrent de *cérébral* dérangement.

11. *Demi* est toujours variable.

❒ vrai ❒ faux

12. Certains adjectifs féminins sont inattendus. Féminisez ces formes masculines :
rigolo, snob, hébreu, chic, standard, favori, béni, vengeur

13. Certains adjectifs ont deux formes distinctes au masculin. Distinguez-les dans ces exemples en faisant les corrections nécessaires.
a. Vous recevrez le (*nouveau*) arrivage de plantes exotiques.
b. Pourquoi voulez-vous un (*nouveau*) manteau ?
c. Cette panthère est un (*beau*) animal.
d. Mathilde est un (*beau*) parti.

14. On hésite toujours à accorder les adjectifs se terminant par *-al* au masculin pluriel Est-ce *-als* ou *-aux* ? Trouvez les bonnes formes dans les phrases suivantes.
a. Les restaurants de ma rue sont (*rival*).
b. Les exposés (*général*) sont impersonnels.
c. Les destins des héroïnes de Racine sont (*fatal*).
d. Attention ! ces (*banal*) fauteuils sont (*bancal*).

15. Ces deux phrases sont-elles possibles ?
Tatiana redoute les dangereux terroristes.
Tatiana redoute les terroristes dangereux.
❒ oui ❒ non

16. Les adjectifs sont-ils bien placés dans ces deux exemples ? Corrigez-les si nécessaire.
a. Falstaff a fait une impression *mauvaise* aux commères.
b. C'est un *bon* garçon.

17. L'accord de *ci-joint* est parfois difficile. Varie-t-il ou non dans ces phrases ?
a. ...... la copie que vous demandiez.
b. Vous trouverez ...... photocopie du document.
c. Je vous adresse ...... la photo.
d. Vous me donnerez les enveloppes ......

18. Les adjectifs numéraux ne s'écrivent pas toujours en chiffres. Vous devez savoir les orthographier, notamment pour libeller un chèque. La règle est simple : seuls *un*, *cent* et *vingt* peuvent varier.
a. Les 100 euros et 80 centimes : ....
b. Les 200 dollars et 85 cents : ....
c. Les 331 livres : ....
d. Les 4 000 yuans : ....

19. Les expressions « un grand homme » et « un homme grand » ont le même sens.
❒ vrai ❒ faux

20. *Deuxième* et *second* semblent synonymes. Ce n'est pourtant pas le cas. Quelle différence faites-vous entre ces phrases ?
a. Gabriel a gagné sa *deuxième* médaille d'or au concours à l'arc.
b. La *seconde* oreille de Jean-François a été atteinte par le virus.

21. Doit-on dire de quelqu'un qu'il est *compréhensif* ou *compréhensible* ?

Réponses

1. a. *indéfinissable*. b. *bien défini*.
• *Certain* est un adjectif indéfini qui marque les contours flous d'un nom, il est alors placé avant lui.
Ex. : *Il a un certain charme.*
• Quand *certain* est un adjectif qualificatif, il exprime la certitude et est toujours placé après le nom.
Ex. : *Il a un âge certain.*

2. une ***blanche colombe***.
Toutes les colombes sont blanches, l'adjectif est presque superflu. Son usage relève de la figure de style. On dit que c'est une « épithète de nature ».
ATTENTION ! • Par usage, les adjectifs de couleur se placent après le nom.
Ex. : *Il porte des gants jaunes.*
• Le fait de les placer avant doit attirer votre attention.
Ex. : *Lorenzaccio a de noirs désirs* (*noirs* a le sens figuré de « sombres »).
les verts paradis (*verts* est utilisé par le poète Baudelaire pour faire comprendre que, dans son univers, le paradis est forcément de couleur verte).

3. a. *quel que*. b. *quelles que*. c. *quelques*.
• L'adjectif relatif *quel que* est suivi du verbe *être*, il s'accorde avec le sujet qui est placé après l'auxiliaire.
Ex. : *Harpagon ne vous paiera pas quel que soit le motif de votre demande* (*quel que* s'accorde avec le sujet *motif*, *soit* est aussi au singulier).
Elsa ne vous pardonnera pas quelles que soient vos excuses (*quelles* s'accorde avec *vos excuses*, *soient* est au pluriel).
• L'adjectif indéfini *quelque* joue le rôle d'un article par rapport au nom qui le suit immédiatement.
Ex. : *Nous avons acheté quelques provisions pour la route* (*quelques* s'accorde avec *provisions*).
ATTENTION ! Si *quelque* est suivi d'un adjectif ou d'un adverbe, il est invariable et fonctionne comme un adverbe.
Ex. : *Quelque intelligemment que vous raisonniez* (*quelque* est suivi de l'adverbe *intelligemment*).
Quelque intelligents que vous soyez (*quelque* est suivi de l'adjectif *intelligents*).

4. a. *noire*. b. *orange*. c. *bleu clair*.
• *robe noire* obéit à la règle générale.

• *fauteuils orange* reste invariable, car *orange* est un nom. Ce serait la même chose avec les noms de fruits (*pomme, cerise*) ou de fleurs (*lilas, rose*).
• *Peinture bleu clair* est invariable car l'adjectif est composé.
ATTENTION ! • Tous ces adjectifs de couleur se placent après le nom. • *Noir* échappe à la règle lorsqu'il a le sens figuré de « sombre ».

Ex. : *Son noir passé l'empêchait de se confier à ses amis.*

5. a. *majeure*. b. *plusieurs*. c. *clairs*. d. *ambiguës*.
• Les adjectifs en *-eur* s'accordent en genre et en nombre.

Ex. : *La majeure partie de la maison.*

La seule exception à la règle est *plusieurs* qui ne présente qu'une seule forme.

Ex. : *Arlequin a plusieurs idées en tête.*

• Les mots *cher* ou *clair* peuvent fonctionner comme adjectifs ou adverbes.
– Les adjectifs sont variables.

Ex. : *Les arguments sont clairs* (*clairs* est attribut de *arguments*, il a le sens de « nets »).

– Les adverbes sont invariables.

Ex. : *Je vois clair dans ton jeu* (*clair* modifie *voir*, il a le sens de « clairement »).

• L'adjectif *ambigu* porte un tréma aux formes féminines pour des raisons phonétiques[1].

Ex. : *Vos réponses sont vraiment ambiguës* (notez que le tréma se porte sur le *e* et jamais sur le *u* !).

6. a. *impressionnantes*. b. *bonnes*.
• *Amour, délice* et *orgue* ont une forme masculine au singulier et féminine au pluriel. *Les orgues impressionnantes* mais *l'orgue impressionnant.*
• Dans un cas exceptionnel, la place de l'adjectif change le genre du mot.

Ex. : *Les bonnes gens de la ville accouraient* (féminin avant le nom).

Mais on dirait :

Les gens heureux de la ville accouraient (masculin après le nom).

7. Les deux orthographes sont possibles.
Communiquant est un participe présent et *communicant* un adjectif verbal.

1. Sans ce tréma, on prononcerait : « bigue » et non « bigu ».

La négation permet de les distinguer.
- Le participe est un verbe nié par *ne... pas* :
  Ex. : *Ne passant pas par là, il ignorait où conduisait cette route.*
- L'adjectif verbal est un adjectif qualificatif nié par *non*.
  Ex. : *Cette route non passante est silencieuse.*

8. *Précédant / précédent, sachant / savant, différant / différent, fatiguant / fatigant, pouvant / puissant, provoquant / provocant.*
Les orthographes différencient le participe présent et l'adjectif verbal :
- Terminaisons en *-ant* ou *-ent*.
  Précéder Participe : *précédant*. Adjectif : *précédent*.
  Différer Participe : *différant*. Adjectif : *différent*.
- Consonne précédant la terminaison avec deux orthographes.
  Provoquer Participe : *provoquant*. Adjectif : *provocant*.
  Fatiguer Participe : *fatiguant*. Adjectif : *fatigant*.
- Radicaux verbaux différents.
  Pouvoir Participe : *pouvant*. Adjectif : *puissant*.
  Savoir Participe : *sachant*. Adjectif : *savant*.

9. a. *sourds-muets*. b. *extrême-orientales*. c. *grand ouverts*.
- Les adjectifs composés de deux éléments adjectivaux s'accordent.
  Ex. : *des sourds-muets*.
- Il y a deux exceptions à cette règle : les composés comprenant les mots *grand* et *extrême*.
  Ex. : *Toutes les expositions extrême-orientales m'enchantent* (*extrême* reste invariable car il fonctionne comme adverbe).
  Ex. : *Gardez les yeux grand ouverts sur le monde* (*grand* reste invariable, c'est un adverbe[1]).

10. Il fallait modifier ainsi les phrases : **a. Othello est atteint d'une jalousie *mortifiante*. d. Bandolphe et Pistolet souffrent de dérangement *cérébral*.**
La place des adjectifs qualificatifs paraît assez libre, pourtant elle obéit à certaines règles. On place obligatoirement après le nom :
- les adjectifs hérités de participe présent : une *jalousie mortifiante* ;

1. C'est la même chose dans des expressions anciennes comme *grand-mère, grand-croix, grand-chose*.

- les adjectifs hérités de participe passé : *ses épreuves passées* ;
- les adjectifs de couleur : *ses gants jaunes*, mais *de noirs desseins* (sens figuré de « mauvais ») ;
- les adjectifs qui sont étroitement liés au substantif : *dérangement cérébral* (peut être remplacé par « détraquement du cerveau », on parle d'adjectif « relationnel »).

11. faux.
- *Demi* placé avant le nom est invariable et se joint à lui par un trait d'union : *une demi-heure*.
- Placé après le nom, il est variable et se joint à lui par la conjonction *et* : *une part et demie*.

12. *rigolote, snob, hébraïque, chic, standard, favorite, bénie, vengeresse.*
- Normalement, le féminin des adjectifs est obtenu en ajoutant un *e* au masculin : *petit > petite*. Mais quelques adjectifs ne varient pas du tout : *snob, chic, standard.*
- D'autres adjectifs ajoutent le suffixe *-te* : *rigolo-te, favori-te.*

ATTENTION ! Les adjectifs *béni* et *bénite* sont possibles, mais il y a une nuance. • *Béni* est d'un emploi général, il exprime l'idée de chance entourant un objet ou une personne.

Ex. : *Une marque bénie*.

- *Bénit* a un emploi spécialisé, il suppose un sacrement religieux.

Ex. : *L'eau bénite* a été consacrée par un prêtre.

13. Il fallait corriger ainsi les phrases suivantes : **a. *nouvel.* c. *bel.***
- Le français n'aime pas la rencontre de voyelles appelée « hiatus ».

position	**féminin**	**masculin**
– devant consonne	*belle plante*	*beau cactus, nouveau copain*
– devant voyelle	*nouvelle amie*	*bel oranger, nouvel ami*

- La forme masculine de l'adjectif ressemble alors à une forme courte du féminin.

14. a. *rivaux*. b. *généraux*. c. *fatals*. d. *banals, bancals*.
En général, les adjectifs en *-al* ont un masculin pluriel en *-aux*. Les exceptions ont un plur. en *-als*. Le féminin pluriel présente la même forme *-ales*.

Ex. : *rival* → rivales, rivaux ; *général* → générales, généraux ; *fatal* → fatales, fatals ; *banal* → banales, banals ; *bancal* → bancales, bancals.

15. oui.
Certains adjectifs peuvent se placer avant ou après le nom. Ce choix obéit à des nuances subtiles.
• Si l'adjectif est placé avant le nom, Tatiana considère que la caractéristique d'un terroriste est sa dangerosité : *Tous les terroristes sont dangereux.*
• Si l'adjectif est placé après le nom, elle considère que les terroristes peuvent avoir différentes caractéristiques : *Les terroristes sont dangereux, sanguinaires, cupides, cruels.*

16. Il faut corriger ainsi la phrase **a. : Falstaff a fait *mauvaise* impression aux commères.**
En ancien français, les adjectifs étaient plutôt placés avant le nom, comme en anglais.
Maintenant, les adjectifs peuvent être avant ou après. Certains sont obligatoirement avant le nom :
• les adjectifs exprimant un jugement de valeur ;
Ex. : *Vous avez eu la bonne attitude.*
• les adjectifs usuels courts.
Ex. : *Auguste Rodin est un grand artiste.*

17. a. *Ci-joint*. b. *ci-joint*. c. *ci-jointe*. d. *ci-jointes*.
• *Ci-joint* reste invariable en tête de phrase (*Ci-joint la copie*) ou quand le nom suivant n'a pas d'article (*Vous trouverez ci-joint photocopie*).
• *Ci-joint* est variable lorsqu'il est utilisé comme adjectif qualificatif ; le nom est alors précédé d'un article (*ci-jointe la photo, les enveloppes ci-jointes*).
ATTENTION ! La règle d'accord de *ci-joint* s'applique aussi à *ci-inclus* et *ci-annexé*.

18. a. *cent* et ***quatre-vingts*. b. *deux cents*** et ***quatre-vingt-cinq*. c. *trois cent trente et une*. d. *quatre mille*.**
Les adjectifs numéraux sont tous invariables sauf :
• *un* qui se féminise en *une* : *vingt et une chaises*.
• *cent* et *vingt* qui marquent le pluriel s'ils sont multipliés et non suivis d'un chiffre : *deux cents* / *quatre-vingts*[1], mais *cent trente-quatre* / *quatre-vingt-trois*.

---

1. *Vingt* peut être multiplié par quatre et rarement par quinze. « Quinze-vingts » est l'ancienne façon de dire trois cents que l'on retrouve dans le nom de l'hôpital des Quinze-Vingts fondé par Saint Louis pour 300 aveugles.

ATTENTION ! • *Mille* est toujours invariable : *quatre mille.* Il est parfois orthographié *mil* dans les dates : *mil neuf cent dix.*
• *Les cent euros* désignent une seule centaine, il faut donc conserver le singulier. Mais *les deux cents euros* désignent deux centaines, on accorde au pluriel.

19. faux.
• *Un grand homme* désigne un homme qui a une grande valeur, de l'importance (sens figuré).
• *Un homme grand* est simplement un homme de grande taille (sens propre).

20. a. *deuxième* médaille dans une série de trois.
b. *seconde* oreille car il n'y en a que deux.
• Deuxième est un adjectif numéral « ordinal », c'est-à-dire qu'il donne « l'ordre » dans une série : *le deuxième* précède *le troisième.*
• *Second* est aussi un adjectif ordinal. Il désigne celui qui « suit » immédiatement le premier. Il ne constitue un groupe que de deux éléments, le troisième n'existe pas.

21. *compréhensif.*
• L'adjectif *compréhensif* s'applique aux êtres humains : un capitaine *compréhensif* signifie « qui fait preuve de compréhension ».
• *Compréhensible* ne peut jamais qualifier un humain : *un texte compréhensible* signifie « susceptible d'être compris ».
ATTENTION ! Si l'on dit un homme « compréhensible », l'adjectif se réfère au discours qu'il tient. Il faut donc comprendre : un homme au discours compréhensible.

9

C'était hier [1]

Les adverbes

Les adverbes sont des personnages secondaires dans la phrase qui mettent en valeur les héros. Ils apportent des éléments d'information qui enrichissent leur histoire.

Les adverbes sont des mots invariables qui portent sur un mot ou sur une phrase pour en modifier le sens.

• S'ils portent sur un mot, ce mot sera un adjectif, un verbe ou un adverbe.

Ex. : *Cléophile est* <u>*très*</u> *fière de sa petite sœur* (<u>*très*</u> modifie l'adjectif *fière*).

• S'ils portent sur une phrase, les adverbes peuvent infléchir son sens ou la manière dont on veut qu'elle soit comprise.

Ex. : <u>*Franchement*</u>, *vous aimez le jeu d'échecs ?* (l'adverbe crée le contact avec l'autre : « Je vous dis franchement que... »).

On distinguera sept catégories d'adverbes :

• Les adverbes de manière répondent à la question « comment ? » : *fermement, bien, mal, ainsi, debout, ensemble, exprès, gratis, vite, volontiers.*

• Les adverbes de quantité répondent à la question « combien ? » : *beaucoup, presque, peu, aussi, plus, moins, autrement, tant, si, assez.*

• Les adverbes de temps répondent à la question « quand ? » : *autrefois, récemment, alors, bientôt, ensuite, souvent, longtemps.*

• Les adverbes de lieu répondent à la question « où ? » : *ici, là, là-bas, ailleurs, dehors, loin, dessus, y, en.*

1. Pièce de Harold Pinter, auteur anglais contemporain qui a obtenu le prix Nobel de littérature en 2005.

• Les adverbes d'affirmation répondent positivement à une interrogation : *oui, si, absolument, certainement, soit, certes, vraiment.*

• Les adverbes de négation répondent négativement à une interrogation : *non, ne pas, point, plus, jamais, guère.*

• Les adverbes de doute répondent de manière floue à une interrogation : *apparemment, peut-être, vraisemblablement, probablement.*

1. Les adverbes de manière sont les plus nombreux car ils sont très faciles à construire. Il suffit de prendre un adjectif, de le mettre au féminin puis d'ajouter la terminaison *-ment*. Construisons les adverbes à partir de ces adjectifs :

a. *grand* → ....
b. *aisé* → ....
c. *amoureux* → ....
d. *pareil* → ....
e. *aimable* → ....
f. *sot* → ....
g. *puissant* → ....
h. *négligent* → ....
i. *gai* → ....
j. *goulu* → ....
k. *différent* → ....
l. *joli* → ....

2. Tous les adverbes de la langue française sont invariables.
❒ vrai ❒ faux

3. Étymologiquement, *adverbe* signifie que le mot porte sur un verbe.
❒ vrai ❒ faux

4. Certains adverbes sont formés à partir de plusieurs mots. Saurez-vous reconnaître les mots qui les composent ?
a. *toujours* : ...... + ...
b. *autrefois* : ...... + ...
c. *jamais* : ...... + ...
d. *depuis* : ...... + ...

5. *Que* est un mot souvent utilisé en français. Il peut être conjonction, pronom, adverbe. Dans quelles phrases est-il adverbe ?
a. *Que* la montagne est belle pour Claudio !
b. Claudio n'aime *que* la montagne.
c. Claudio croit *que* la montagne est belle.
d. *Qu*'il vienne à la montagne, Claudio !

6. Certains mots peuvent être adverbe ou adjectif. Comme les adverbes sont invariables et les adjectifs variables, écrivez sans faute les formes entre parenthèses.
a. Ces montres me sont très (*cher*) / Ces montres coûtent (*cher*).
b. Ajoutez ces (*quelque*) roses au bouquet / (*Quelque*) belles que soient ces roses.
c. Marianne apprend (*même*) les choses futiles / Marianne apprend les (*même*) choses.

7. *Quasi* s'écrit toujours avec un trait d'union : *quasi-sourd* et *quasi-surdité*.
❒ vrai ❒ faux

8. L'adverbe *ne* a toujours un sens négatif.
❒ vrai ❒ faux

9. Les adverbes *si* et *oui* permettent de répondre affirmativement aux questions. Mais quelle est la différence entre eux ? Choisissez la bonne proposition.
a. *Si* répond à une question comportant une négation.
b. *Oui* marque une plus grande conviction.

10. *Tout* peut être adjectif, pronom ou adverbe. Voyons si vous saurez bien orthographier l'adverbe dans les phrases suivantes.
a. ...... bon soit-il, M. Smith est parfois exaspéré.
b. Harold Pinter écrit des pièces ...... simplement effrayantes.
c. Je comprends que ses amies puissent être ...... étonnées.
d. À quoi bon réciter des paroles ...... faites ?

11. On entend et on lit parfois des phrases qui ne respectent pas les règles d'usage des adverbes. Corrigez ces phrases.
a. On aime pas être contredit quand on est roi !
b. Obéron est très vite.
c. Cordélia est toute aimable.
d. Les commères de Windsor sont soi-disantes inoffensives.

12. Demandez-vous si l'adverbe *que* fonctionne avec un autre mot dans les phrases suivantes. Si oui, lequel ?
a. Nora ne supporte *que* le coton car elle est allergique.
b. Agamemnon est plus rapide *que* Ménélas.
c. *Que* tout semble facile dans une grande ville !

Réponses

1. a. *grand* → *grandement*. b. *aisé* → *aisément*. c. *amoureux* → *amoureusement*. d. *pareil* → *pareillement*. e. *aimable* → *aimablement*. f. *sot* → *sottement*. g. *puissant* → *puissamment*. h. *négligent* → *négligemment*. i. *gai* → *gaiement* / *gaîment*. j. *goulu* → *goulûment*. k. *différent* → *différemment*. l. *joli* → *joliment*.

• La règle est illustrée par *grandement* : *grande* (adjectif au féminin) et suffixe *-ment*. Certains adverbes redoublent leur consonne finale : *pareillement, sottement* ou la changent : *amoureusement*.

• Certains adverbes n'ont pas la marque féminine s'ils sont issus de certains adjectifs :
– terminés par *-ant* et *-ent* : *prudemment, puissamment* ;
– terminés par *-i* et *-é* : *joli-ment, aisé-ment* sauf *gaiement*[1] ;
– terminés par *-u* : *dû-ment, goulû-ment* ;
– terminés par -e : *aimable-ment*[2].

ATTENTION ! Observez bien la voyelle finale des adjectifs en *-ent* et en *-ant* car il faut la conserver pour former l'adverbe : *différent + -ment > différemment* ; *élégant + -ment > élégamment*.

2. vrai.
Les adverbes sont invariables, c'est l'une de leurs caractéristiques. La seule exception à cette règle est l'adverbe *tout* qui varie en genre et en nombre s'il porte sur un adjectif féminin commençant par une consonne.

Ex. : *Elles sont toutes contentes.*

3. vrai.
Ad-verbum signifie en latin « sur le verbe » : *Tu écris lentement* (verbe *écris*).
Il porte aussi sur un autre adverbe : *Tu écris trop vite* (adverbe *vite*) ou sur un adjectif : *Je suis très contente* (adjectif *contente*).

4. a. *toujours* : *tous + jours*. b. *autrefois* : *autre + fois*. c. *jamais* : *ja + mais*. d. *depuis* : *de + puis*.
• *Toujours* est composé de l'adjectif *tous* et du nom *jours*.
• *Autrefois* est composé de l'adjectif *autre* et du nom *fois*.
• *Jamais* est composé de deux anciens adverbes *ja* et *mais*.
• *Depuis* est composé de la préposition *de* et de l'adverbe *puis*.

1. Parfois les deux formes sont conservées : *gaiement/gaîment*.
2. Le *e* est déjà la marque du féminin.

• Il existe d'autres adverbes, de forme composée, dont les éléments ne sont pas soudés.

Ex. : *tout de suite, par hasard, en général.*

5. a. et **b.**

Ex. : *Que la montagne est belle pour Claudio ! (Que* est ici adverbe exclamatif, on peut le remplacer par *comme* : *Comme la montagne est belle !*)

Ex. : *Claudio n'aime que la montagne* (adverbe restrictif fonctionnant avec *ne*, on peut le remplacer par *uniquement* : *Claudio aime uniquement la montagne*).

Dans l'exemple *Claudio croit que la montagne est belle*, *que* est une conjonction introduisant une subordonnée complétant le verbe *croire*.

ATTENTION ! Si *que* occupe la première place, deux analyses sont possibles :

• Il introduit un souhait ou un ordre et est suivi du subjonctif. Il n'a pas de fonction grammaticale, c'est la « béquille du subjonctif » ou « que explétif ».

Ex. *Qu'il vienne à la montagne, Claudio !*

• Il introduit une exclamation et se construit avec un indicatif. C'est un adverbe qui porte sur toute la phrase.

Ex. : *Que la montagne est belle !*

6. a. *chères / cher*. b. *quelques / quelque*. c. *même / mêmes*.
Les adverbes portent sur un verbe ou un adjectif, les adjectifs sur un nom.

• Ex. : *Ces montres me sont très chères.*

L'adjectif *chères* s'accorde avec le sujet *montres* et pourrait être remplacé par un autre adjectif (*Ces montres me sont très précieuses*).

Ex. : *Ces montres coûtent cher.*

L'adverbe *cher* porte sur le verbe *coûter* et pourrait être remplacé par un autre adverbe (*Ces montres coûtent beaucoup*).

• Ex. : *Ajoutez ces quelques roses au bouquet.*

L'adjectif indéfini *quelques* s'accorde avec *roses* et pourrait être remplacé par un autre adjectif (*Ces petites roses*) ou être supprimé (*Ajoutez ces roses*).

Ex. : *Quelque belles que soient ces roses.*

L'adverbe indéfini *quelque* modifie *belles* et ne peut pas être supprimé, on pourrait le remplacer par l'adverbe *aussi* (*Aussi belles que soient ces roses*).

• Ex. : *Marianne apprend même les choses futiles.*

L'adverbe indéfini *même* modifie le verbe *apprend* et pourrait être remplacé par *également* (*Marianne apprend également les choses futiles*).

Ex. : *Marianne apprend les mêmes choses.*

L'adjectif indéfini *mêmes* exprime l'identité et peut être remplacé par *identiques*.

7. faux.

Quasi n'est pas toujours suivi d'un trait d'union.

- Précédé d'un adjectif, il n'a pas de trait d'union.

  Ex. : *Il est quasi sourd* (l'adverbe pourrait être remplacé par *quasiment*).
- Précédé d'un nom, il a un trait d'union.

  Ex. : *Sa quasi-surdité le gêne* (l'adverbe est le préfixe du nom).

8. faux.

- *Ne* n'a pas toujours un sens négatif.

  Ex. : *Jean est parti avant qu'il ne rentre.*

L'adverbe accompagne le subjonctif *rentre* et n'a aucun rôle syntaxique, on dit qu'il est « explétif ».

- Quand *ne* a un sens négatif, il est accompagné d'un autre adverbe.

  Ex. : *Léo et Léa ne veulent guère dessiner* (on peut avoir *ne... pas, ne... plus, ne... point, ne... jamais*).

9. a. *Si* répond à une question comportant une négation.

Les adverbes *si* et *oui* ne s'utilisent pas de la même manière. *Si* est beaucoup plus expressif que *oui*.

- *Si* transforme une phrase négative en une affirmation marquée.

  Ex. : *Ne comprenez-vous pas ? – Si* (*si* a le sens de « bien sûr que je comprends » et ne s'utilise qu'après une interrogation négative).
- *Oui* répond affirmativement à une question.

  Ex. : *Vous me comprenez ? – Oui* (pour renforcer l'affirmation il faudrait dire *mais oui*).

10. a. *Tout*. b. *tout*. c. *tout*. d. *toutes*.

- *Tout* est partout invariable car c'est un adverbe portant sur un autre adverbe (*tout simplement*) ou sur un adjectif (*Tout bon soit-il, tout étonnées*).
- La dernière phrase illustre la seule exception à la règle : *tout* varie en genre et en nombre car il précède un adjectif féminin commençant par une consonne (*des paroles toutes faites*).

11. Les formes correctes sont : **a.** ***On n'aime pas.*** **b.** ***court très vite.*** **c.** ***tout aimable.*** **d.** ***soi-disant inoffensives.***

• Il ne faut pas oublier le premier élément de la négation *ne... pas*, même si on ne l'entend pas.

Ex. : *on n'a pas, aucun n'a compris.*

• *Vite* n'est pas un adjectif, contrairement à l'usage répandu chez les journalistes sportifs. Un athlète ne peut pas « être vite », il est *rapide*.

• *Tout* devant l'adjectif féminin commençant par une voyelle est adverbial, il reste invariable même si l'on entend un *e* à cause de la liaison.

Ex. : *Tout attendrie, tout offerte.*

• *Soi-disant* est invariable, car il est composé de deux éléments invariables : le participe présent *disant* et le pronom réfléchi *soi*.

12. *Que* fonctionne avec un autre mot dans les phrases : **a.** ***ne... que*** et **b.** ***plus... que.***

• *Ne ... que* exprime la restriction et non la négation.

Ex. : *Nora ne supporte que le coton* (la phrase a le sens de « Nora supporte *exclusivement* le coton »).

• *Plus ... que* exprime la comparaison.

Ex. : *Agamemnon est plus rapide que Ménélas* (c'est une comparaison de supériorité qui place Agamemnon au-dessus de Ménélas).

ATTENTION ! *Que* dans une phrase exclamative est en tête de phrase et fonctionne seul.

Ex. : *Que tout semble facile* (*que* peut être remplacé par *comme*).

10

Pour un oui ou pour un non [1]

Les prépositions et les conjonctions

Pour mener à bien une représentation théâtrale, les régisseurs sont les intermédiaires indispensables entre le metteur en scène et les acteurs. Les prépositions et les conjonctions jouent ce rôle dans la phrase.

Elles permettent de lier les mots et de construire les propositions. Si les phrases sont courtes, elles seront moins nombreuses.

• La préposition est un mot invariable qui permet de relier deux mots dans une phrase.

Ex. : *Le chien <u>de</u> Jérôme est un molosse* (la préposition *de* relie *chien* à *Jérôme*).

Les prépositions les plus courantes sont : *à, en* et *de.*

• Les conjonctions sont des mots invariables qui relient deux propositions en les coordonnant ou en les subordonnant.

– La conjonction de coordination permet de ne pas faire de différence entre les propositions, elles ont la même importance.

Ex. : *Le chien vous obéira <u>car</u> il est dressé* (les deux propositions coordonnées *le chien vous obéira* et *il est dressé* sont équivalentes).

La liste des conjonctions de coordination usuelles est : *mais, ou, et, donc, or, ni, car.* On peut s'en souvenir grâce à la fameuse phrase « mais où est donc Ornicar ? ».

– La conjonction de subordination permet de placer une proposition sous la dépendance d'une autre.

Ex. : *Le chien vous obéira <u>parce qu'</u>il est dressé* (la proposition *parce qu'il est dressé* est dépendante de *le chien vous*

1. Pièce de Nathalie Sarraute, auteure française du XXe siècle.

obéira. On dit qu'elle est subordonnée à la première appelée proposition principale).

La conjonction de subordination la plus utilisée est *que*. Elle se combine souvent à d'autres éléments : *dès que, pour que, alors que, parce que, si bien que...*

1. Les prépositions et les conjonctions peuvent exprimer le but. Vous direz si *pour* est une conjonction ou une préposition dans les phrases suivantes :
a. Marianne articule bien *pour* se faire comprendre.
b. Le silence se fait *pour que* le pianiste joue.

2. Nous avons mélangé plusieurs conjonctions de subordination dans la liste suivante. Retrouvez celles qui expriment le temps.
dès que, à supposer que, quand, si bien que, avant que, après que, aussitôt que, jusqu'à ce que

3. Une même conjonction de subordination peut avoir des sens différents. Pour les distinguer dans les phrases suivantes, remplacez *comme* par une autre conjonction ayant le même sens.
a. *Comme* Gertrude est allergique, elle passe l'aspirateur tous les jours.
= P _ _ _ e q _ e Gertrude est allergique...
b. *Comme* on fait son lit, on se couche.
= A _ _ _ i q _'on fait son lit...

4. On peut coordonner deux propositions subordonnées. Pour éviter la répétition des conjonctions de subordination, quel mot placeriez-vous dans ces phrases ?
a. Quand j'ai écrit un chapitre et ...... je l'ai corrigé, je suis ravie.
b. Quoique vous soyez ferme et ...... vous ayez de l'autorité, ce chien n'obéira pas.

5. Plusieurs conjonctions de coordination peuvent avoir le même sens. À vous de trouver des synonymes dans les phrases suivantes.
a. Mathilde finit son éclair *et* Jean entame son vol-au-vent.
b. Justine s'affaire aux fourneaux *mais* Paula ne l'aide pas.
c. Isidore commande souvent de la choucroute *car* il est alsacien.
d. Valentin est apiculteur *donc* il nous offre du miel.

6. Le mot *si* est-il une conjonction de subordination dans toutes ces phrases ?
a. *Si* les invités arrivent avant dix heures, nous aurons de la chance.
b. Vous aurez un prix, *si* vous le demandez.
c. Raymond se demande *si* le rôti est cuit.
❒ oui ❒ non

7. Demandez-vous si les prépositions utilisées dans les phrases suivantes sont appropriées, et faites les corrections nécessaires.
a. Josiane habite *sur* Paris.
b. Augustine est *sur* le coup.
c. Tu me présenteras la fille *à* la moto.
d. Connais-tu la fille *à* Marcel ?

8. Dans ces phrases, les prépositions sont-elles bien orthographiées ?
a. *Hormi* la police, personne ne connaissait les détails de cette affaire.
b. *Parmi* les suspects, il y avait un accordéoniste.

9. La préposition *à* et l'auxiliaire *a* ne se distinguent que par l'accent grave. Ajoutez ou non l'accent dans ces phrases :
a. Il *a* été blessé *a* la tête.
b. C'est *a* un malhonnête homme que l'on *a* affaire, méfions-nous.
c. Quant *a* lui, il est *a* ma merci.
d. Ce jouet est *a* toi, ton frère *a* le sien.

10. Certaines prépositions se répètent et d'autres non. À vous de compléter les phrases suivantes si nécessaire :
a. Nous avons besoin *de* ton marteau et ...... ton tournevis.
b. Les détectives agissent *avec* prudence et ...... patience.
c. J'adresse ce discours *à* mon collègue et ...... ami.
d. Quentin est toujours *par* monts et ...... vaux.

11. Dans quelle phrase *durant* est une préposition ?
a. Vous avez accumulé de beaux souvenirs *durant* votre vie.
b. Les piles *durant* de plus en plus longtemps, vous les changez moins souvent.

12. Selon la place qu'occupent certains mots, ils peuvent changer de nature. Dans les phrases suivantes, le mot en italique est-il une préposition ou un adjectif ?

a. *Excepté* votre intuition, vous devrez tout oublier.
b. Votre fils *excepté,* nous n'acceptons pas d'élève surdoué.
c. Notre honneur est *sauf,* l'équipe de volley a remporté le dernier match.
d. *Sauf* votre respect, je dirai ce que j'ai sur le cœur.

13. Peut-on proposer une autre conjonction de subordination dans les phrases suivantes ?

a. Marguerite est restée à la maison *parce que* je suis malade.
= é _ _ _ t d _ _ _ é que je suis malade.
b. Je m'en vais *puisque* je suis malade.
= s _ _ s p _ _ _ _ _ _ _ e que je suis malade.

14. Transformez les conjonctions de subordination (en italique) en conjonctions de coordination de même sens.

a. René adore nager *si bien qu'*il oublie l'heure.
b. Sonja est finlandaise *bien qu'*elle n'ait pas d'accent.
c. Clotilde note tout *parce qu'*elle souffre d'amnésie.
d. Tu rapportes du pain *alors que* personne n'en mange.

15. Demandez-vous si la préposition *en* est d'un bon usage dans les phrases suivantes et remplacez-la, si nécessaire, par la préposition qui conviendra.

a. Angèle et Edmond sont partis *en* retraite.
b. Xavier passe ses vacances *en* camping.
c. Ces babouins ne pourraient pas vivre *en* appartement.

16. Pourquoi les tournures en italique sont-elles critiquables en français ?

a. Les Saxons sont *en situation de* prendre le contrôle.
b. Augustin est *en capacité de* distinguer le bien du mal.

Réponses

1. *Pour* est une préposition dans la phrase **a.** et une conjonction dans la phrase **b.**

• La préposition *pour* est suivie d'un infinitif (*pour se faire comprendre*).

• La conjonction est complétée par *que* qui introduit une subordonnée de but (*pour que le pianiste joue*).

ATTENTION ! La conjonction relie deux propositions, il y a donc deux verbes conjugués.

Ex. : *Le silence se fait pour que le pianiste joue* (verbes *se fait* et *joue*).

2. *dès que, quand, avant que, après que, aussitôt que, jusqu'à ce que.*

Les conjonctions de subordination exprimant le temps sont les plus nombreuses. Elles sont suivies du mode indicatif ou subjonctif.

• Les conjonctions sont suivies du mode indicatif quand elles expriment une action antérieure à celle de la principale.

Ex. : *Quand il comprend, il hoche de la tête* (compréhension puis hochement).

Ce serait la même chose avec les conjonctions de subordination : *dès que, aussitôt que, après que.*

• Les conjonctions sont suivies du mode subjonctif quand elles expriment une action postérieure à celle de la principale.

Ex. : *Paul répète jusqu'à ce que vous compreniez* (répétition puis compréhension).

Ce serait la même chose avec la conjonction de subordination : *avant que.*

• *À supposer que* marque l'hypothèse.

Ex. : *À supposer que l'orage éclate, ne vous réfugiez pas sous l'arbre.*

• *Si bien que* marque la conséquence.

Ex. : *Gino a rasé sa barbe si bien qu'on ne le reconnaît plus.*

ATTENTION ! Retenez bien que la conjonction *après que* se construit avec l'indicatif et *avant que* avec le subjonctif.

Ex. : *Après que nous sommes arrivés, vous goûterez* (arrivée puis goûter)

Avant que nous n'arrivions, vous goûterez (goûter puis arrivée).

3. a. *parce que.* b. *ainsi qu'.*

• *Comme Gertrude est allergique* donne la raison pour laquelle

elle passe l'aspirateur, la conjonction introduit une subordonnée de cause.

• *Comme on fait son lit* place sur le même plan deux actions comparables : « préparer son lit » et « se coucher », la conjonction introduit une subordonnée de comparaison.

ATTENTION ! • Dans certains cas, *comme* est une préposition marquant la comparaison.

Ex. : *Comme toi, je m'entraîne tous les jours.*

Ce qui distingue la préposition de la conjonction de subordination, c'est l'absence de verbe.

• *Comme* redevient une conjonction de subordination si le verbe est exprimé.

Ex. : *Comme tu le fais, je m'entraîne tous les jours.*

4. a. et **b. :** ***que.***

• La conjonction de subordination *que* peut remplacer toute autre conjonction de subordination. On dit que c'est une conjonction « vicaire ».

• La conjonction *que* reprend *quand* et *quoique*, en respectant à chaque fois le mode et le temps utilisés : l'indicatif après *quand* et le subjonctif après *quoique*.

ATTENTION ! • La conjonction *que* remplaçant *si* ne reprend pas le mode indicatif.

Ex. : *Si tu vas dans une forêt et que tu sois perdu, ne panique pas !*

• *Si* se construit avec l'indicatif mais *que* avec le subjonctif : *si* exprime une hypothèse, ce que la conjonction *que* ne peut pas faire. Pour pouvoir marquer l'incertitude, le français utilise donc le subjonctif.

5. a. *puis*. b. *en revanche*. c. *en effet*. d. *par conséquent*.

• La conjonction *et* permet d'ajouter un fait à un autre. On peut la remplacer par : *ensuite, puis*.

• La conjonction *mais* oppose deux faits.

– Si l'on veut marquer une forte opposition on utilisera : *au contraire, en revanche, par contre.*

– Si l'on veut marquer une faible opposition on préférera : *toutefois, néanmoins, cependant.*

• La conjonction *car* explique un fait par un autre, ses synonymes sont : *en effet, effectivement.*

• La conjonction *donc* fait d'une proposition la conséquence d'une autre, on peut la remplacer par : *alors, par conséquent, par suite.*

6. oui.
• *Si* introduit une subordonnée circonstancielle de condition qui instaure un lien fort entre les deux propositions.
Ex. : *Si les invités arrivent avant dix heures, nous aurons de la chance.*
• *Si* introduit une subordonnée circonstancielle d'hypothèse : le lien entre les deux propositions est plus souple.
Ex. : *Vous aurez un prix, si vous le demandez.*
• *Si* introduit une subordonnée interrogative indirecte qui est indispensable au sens du verbe dont elle constitue l'objet.
Ex. : *Raymond se demande si le rôti est cuit.*
ATTENTION ! *Si* est un adverbe dans les phrases : *Il est si grand qu'il s'est cogné la tête* (adverbe d'intensité annonçant la conjonction *que*) et *N'êtes-vous pas heureux ? — Si, bien sûr* (adverbe d'affirmation).

7. Il faut corriger ainsi les phrases : **a. *à* Paris. d. *de* Marcel.**
• La préposition *sur* ne peut être utilisée devant un nom de ville, c'est toujours *à* qui doit être choisi.
Ex. : *Josiane habite à Paris* (*sur* suppose que l'on est « au-dessus » alors que *à* indique que l'on est à l'intérieur).
• La préposition *à* ne peut marquer les rapports de parenté, on doit toujours utiliser *de*.
Ex. : *Connais-tu la fille de Marcel ?*

8. Il faut corriger : **a. *hormis*.**
Les prépositions *hormis* et *parmi* sont formées de deux mots :
• *Hormis = hors + mis*, il intègre donc le participe passé *mis*.
• *Parmi = par + mi*, il signifie « par le milieu » et intègre le vieux mot *mi* désignant la moitié.

9. a. *a. à.* b. *à, a.* c. *à, à.* d. *à, a.*
Le test le plus efficace est de transformer le présent de l'auxiliaire *a* en imparfait *avait*.
Ex. : *Il avait été blessé, l'on avait affaire, ton frère avait le sien.*
ATTENTION ! • L'expression *quant à* est une forme héritée de l'ancien français qui tolérait les deux formes *quant* et *quand*. Retenez que *quant à* est le seul cas où le français ait conservé un *t* final ; dans tous les autres exemples, il y a un *d* : *Quand on veut, on peut.*

10. Il fallait compléter ainsi les phrases **a. : *de* ton tournevis.** et **d. : *par* vaux.**
La règle est de répéter *à*, *en* et *de*, car ce sont les prépositions

les plus utilisées : *de ton marteau et de ton tournevis*. Cette règle souffre quelques exceptions :

• quand le complément de la préposition représente la même personne ou la même chose : *à mon collègue et ami* ;

• quand il y a une énumération : *Je l'expliquerai en quatre chapitres et cinq points* ;

• quand on utilise la conjonction *ou* : *Ils arrivent en mars ou avril* ;

• Les autres prépositions *avec, par, dans, sous, sur* ne se répètent pas : *Avec prudence et patience*.

Le fait de répéter la préposition est un effet d'instance, comme dans l'expression : *par monts et par vaux*.

11. a.

• *Durant* est le participe présent du verbe *durer* (*les piles durant plus longtemps*) mais, le plus souvent, ce mot est utilisé comme préposition (*durant votre vie*).

12. a. préposition. b. adjectif. c. adjectif. d. préposition.

C'est la place des mots et leur variabilité qui permettent de distinguer les prépositions des adjectifs.

• Les prépositions se placent avant le nom et sont invariables.

Ex. : *excepté votre intuition, sauf votre respect*.

• *Excepté* est à l'origine le participe passé du verbe *excepter*, il se place après le nom et peut varier en genre et en nombre.

Ex. : *Vos filles* exceptées.

• *Sauf* est à l'origine un adjectif qualificatif. Il présente les mêmes caractéristiques que *excepté*.

Ex. : *Nos honneurs sont saufs*.

13. a. *étant donné que*. b. *sous prétexte que*.

• *Parce que* et *étant donné que* expriment la cause considérée comme logique et objective : *Je suis malade, il est normal que Marguerite reste à la maison*.

• *Puisque* et *sous prétexte que* présentent une cause qui a été donnée par quelqu'un d'autre et que l'on remet en question : ce sont les mauvaises langues qui disent que je suis malade et je suis obligé(e) de partir même s'il n'en est rien.

14. a. *par conséquent*. b. *pourtant*. c. *car*. d. *mais*.

• *Par conséquent* marque la conséquence comme *si bien que*.

• *Pourtant* et *mais* marquent l'opposition comme *alors que* et *bien que*.

• *Car* marque la cause comme *parce que*.

La transformation ne change pas le mode des propositions,

sauf dans la phrase où le subjonctif sera remplacé par un indicatif.

Ex. : *Sonja est finlandaise bien qu'elle n'ait pas d'accent* (subjonctif *ait*).

Ex. : *Sonja est finlandaise, pourtant elle n'a pas d'accent* (indicatif *a*).

La coordination met sur le même plan les deux propositions, alors que la subordination établit une hiérarchie entre elles.

Ex. : *Clotilde note tout parce qu'elle souffre d'amnésie* (*Clotilde note tout* est la proposition la plus importante, c'est la principale ; *parce qu'elle souffre d'amnésie* apporte une information circonstancielle de cause).

Ex. : *Clotilde note tout car elle souffre d'amnésie* (les deux propositions sont aussi importantes).

15. Il fallait remplacer *en* par les prépositions suivantes : **a. *à* la. b. *au*. c. *dans* un.**

La préposition *en* a tendance à être utilisée systématiquement aux dépens des autres. On doit dire : *Partir à la retraite, à la campagne, à l'étranger. Vivre dans un château, dans un appartement, dans un village.*

16. Les prépositions utilisées sont des anglicismes.

La lourdeur de ces phrases devrait dissuader quiconque d'utiliser ces tournures calquées de l'anglais et inappropriées en français. Préférez les tournures plus simples : *Les Saxons sont capables de prendre le contrôle* ; *Augustin est apte à distinguer le bien du mal.*

11

Comme il vous plaira [1]

Les propositions subordonnées

La réussite des pièces dépend de la bonne harmonie entre tous les membres de la troupe. Les propositions subordonnées assurent cette cohérence dans la phrase (dans notre chapitre, elles seront toutes mises entre crochets).

Si les pièces sont en un acte, on parle de phrase simple. Il n'y a qu'une seule proposition.

Ex. : *L'interprétation exceptionnelle de María Callas a marqué les mémoires.*

Si elles sont en plusieurs actes, c'est une phrase complexe. Il y a au moins deux propositions, l'une est la principale et l'autre la subordonnée.

Ex. : *Le chef d'orchestre donne le signal [pour que le concert commence].*

Ce chapitre étudiera les propositions subordonnées qui dépendent du verbe de la proposition principale. Le suivant analysera celles qui dépendent du nom, appelées « relatives ».

Il y a deux types de propositions subordonnées dépendant d'un verbe, les « essentielles » et les « circonstancielles ».

Les subordonnées essentielles

Elles complètent étroitement le verbe principal et sont indispensables au sens de la phrase. On ne peut ni les supprimer ni les déplacer dans la phrase

Ex. : *Tu prétends [que je triche à la belote]* (la subordonnée complète le verbe principal *prétends*).

---

1. Pièce de William Shakespeare, auteur anglais du XVIe siècle.

Il y a deux grandes catégories de subordonnées essentielles :

Les complétives conjonctives pures : *Il faut [que tu viennes]* et les interrogatives indirectes : *J'ignore [où vous logerez].*

Les subordonnées circonstancielles

Elles complètent le verbe principal en apportant une information considérée comme secondaire. On peut les déplacer et les supprimer.

Ex. : *Berthe met le plat au milieu de la table [pour que chacun se serve]* (on pourrait placer la subordonnée en tête de phrase et éventuellement la supprimer).

Les subordonnées circonstancielles expriment sept circonstances[1] :

- le temps : *[Quand il fait beau], nous sortons* ;
- la cause : *[Comme il pleut], nous jouerons aux cartes* ;
- le but : *[Afin que vous soyez attentifs], nous vous interrogerons ensuite* ;
- la conséquence : *Il est si heureux [qu'il sourit à tous]* ;
- la comparaison : *Il est moins tard [que vous ne le pensiez]* ;
- la concession ou l'opposition : *[Bien qu'il fasse froid], nous sortons* ;
- la condition ou l'hypothèse : *[Si vous le voulez], nous allons récapituler.*

La concordance des temps

Dans les subordonnées, le temps du verbe est lié au temps du verbe principal. C'est la « concordance des temps ».

On distingue trois rapport de temps entre les verbes de la subordonnée et de la principale :

- la simultanéité : l'action de la principale et celle de la subordonnée ont lieu en même temps (*Éric pense qu'il a raison*) ;
- la postériorité : l'action de la subordonnée a lieu après celle de la principale (*Éric pense qu'il aura raison*) ;
- l'antériorité : l'action de la subordonnée a lieu avant celle de la principale (*Éric pense qu'il avait raison*).

Voici le tableau des règles de concordance pour les modes indicatif et subjonctif :

---

1. Il y a un petit truc pour mémoriser les circonstancielles, quatre commencent par « con- » : <u>con</u>séquence, <u>con</u>dition, <u>com</u>paraison et <u>con</u>cession.

A. MODE INDICATIF DANS LA SUBORDONNÉE

Verbe de la subordonnée :

antériorité (ind. passé composé) — simultanéité (ind. présent) — postériorité (ind. futur)

Je dis
(verbe principal au présent)

Verbe de la subordonnée :

antériorité (ind. plus-que-parfait) — simultanéité (ind. imparfait) — postériorité (conditionnel présent)

Je disais
(verbe principal au passé)

B. MODE SUBJONCTIF DANS LA SUBORDONNÉE

Verbe de la subordonnée :

antériorité (subj. passé) — simultanéité / postériorité (subj. présent)

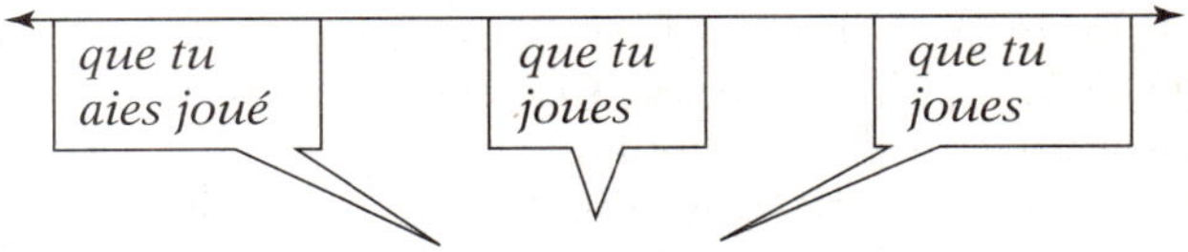

Je veux
(verbe de la principale au présent)

antériorité (subj. plus-que-parfait) — simultanéité / postériorité (subj. imparfait)

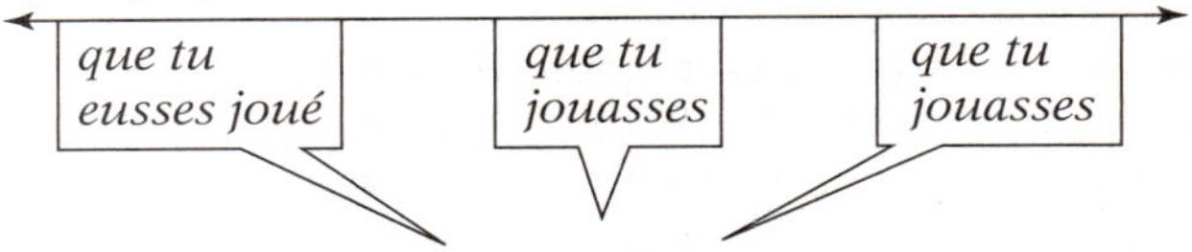

Je voulais
(verbe de la principale au passé)

1. Vous distinguerez, dans ces exemples, les subordonnées essentielles et les circonstancielles.
a. Tes parents ont affirmé *[que tu avais la grippe]*.
b. Ignace est aussi charmant *[qu'on le dit]*.
c. Tom a une telle faim *[qu'il mangerait tout le gigot]*.
d. Eurydice est partie *[pendant que tu dormais]*.

2. Les subordonnées interrogatives indirectes complètent un verbe. Vous transformerez l'interrogation indirecte en interrogation directe en supprimant le verbe.
Ex. : Henriette se demande *[quand il sera temps de parler]* → Quand sera-t-il temps de parler ?
a. Vous ignorez *[si nous irons au cinéma]*.
b. Alina ne sait pas *[quels sont ses droits]*.
c. Dis-moi *[qui est Gaston]*.

3. La comparaison met en parallèle deux actions étroitement liées. Elle est introduite par les conjonctions de subordination : *autant que, comme, de même que, ainsi que, moins que, plus que.*
Ces phrases présentent-elles une subordonnée circonstancielle de comparaison ?
a. Maud prépare un tiramisu ainsi qu'elle me l'avait promis.
b. Le terrain de golf est plus beau que l'an dernier.
c. Nous voyagerons moins que vous ne l'espériez.
d. Comme tu n'arrêtes pas de tricher, je quitte la partie.
❒ oui ❒ non

4. Pourquoi le verbe de toutes les subordonnées proposées est-il au subjonctif ?
a. Le conseil municipal souhaite *[que tu vides les lieux avant cinq heures]*.
b. Je ne crois pas *[que le jeu en vaille la chandelle]*.
c. Il est possible *[que le temps tourne à l'orage dès ce soir]*.
d. Henri veut *[que tous les patins à glace soient classés par pointure]*.

5. La concordance des temps nécessite une bonne maîtrise des conjugaisons. Vous transformerez ces phrases en remplaçant le verbe introducteur au passé par un verbe au présent.
a. Tu *croyais* [que nous n'*oserions* pas sauter à l'élastique] →
Tu *crois* que ......

b. Ils *attendirent* [jusqu'à ce qu'on les *appelât*] → Ils *attendent* jusqu'à ce qu'......
c. Il *prétendait* [que tous les éléphants *avaient été lavés*] → Il *prétend* que ......
d. La foule *se taisait* [pendant que la garde républicaine *défilait*] → La foule *se tait* pendant que ......

6. Les subordonnées circonstancielles de conséquence sont introduites par la conjonction *que* et sont annoncées par un mot qui peut être un adjectif (*tel...*) ou un adverbe (*tellement, si...*) dans la principale. Parmi les phrases ci-dessous, quelles sont celles qui comportent des subordonnées de conséquence ?
a. Olaf est tellement exigeant qu'il n'est jamais satisfait.
b. Nous déménageons demain si bien que tu pourras t'installer.
c. La maison est aussi impressionnante que vous me l'aviez décrite.
d. Jakob est toujours si gentil avec nous.

7. Formez, à partir de ces deux propositions, une phrase complexe (une principale et une subordonnée).
Ex. : Simon est un grand sportif. Winston déteste le sport. → Simon est un grand sportif *alors que* Winston déteste le sport.
a. Les fils de Sybille comprendront. Les poules auront des dents.
b. Nous nous débrouillons tout seuls. Personne ne nous aide.

8. Une erreur a été introduite dans chaque phrase. Corrigez-la !
a. Il ne faut pas [que tu viens avec ton sandwich] !
b. [Bien que tu n'as pas menti], les policiers ne te croient pas.
c. Isild se demande [qu'est-ce que la vie lui réserve].

9. Laquelle de ces deux subordonnées essentielles est une interrogative indirecte ?
a. Tout le pays sait *[que la guerre a été déclarée]*.
b. Tout le pays sait *[si la guerre a été déclarée]*.

10. Corrigez le mode et le temps des verbes subordonnés en respectant la concordance des temps dans ces phrases.

a. Dépêche-toi un peu pour [que nous *pouvons* partir à l'heure].
b. [Bien qu'il *fut* d'un naturel placide], il se mettait parfois en colère.
c. Edwige voulait [que Jean *fasse* un effort avec Mme Jeaume].

11. Les subordonnées de temps peuvent avoir un verbe à l'indicatif ou au subjonctif.
L'indicatif exprime une action antérieure ou simultanée à la principale, le subjonctif exprime une action postérieure. Vérifiez si cette règle est bien respectée dans ces phrases et faites les corrections nécessaires.
a. Martin répandit la nouvelle [avant qu'il n'en *eut* la confirmation].
b. La patrouille de gendarmerie est passée [après que tu *sois parti*].
c. [Quand il *fût* embauché], Peter acheta une nouvelle voiture.

12. Identifiez les subordonnées introduites par *que* dans ces phrases en évitant les pièges.
a. Parle plus fort *que* Landry soit alerté des dangers courus.
b. Si Fortunio considère la situation et *que* tu le fasses aussi, ce sera parfait.
c. *Que* Claudio n'apporte pas trop de sucreries !
d. Il faut *que* tu remplaces la vitre brisée par la tempête.

Réponses

1. a. essentielle. b. circonstancielle. c. circonstancielle. d. circonstancielle.

• Les subordonnées essentielles sont indispensables au sens de la phrase, elles ne peuvent être déplacées ni supprimées dans la phrase.

Ex. : *Tes parents ont affirmé [que tu avais la grippe]* ([*que tu avais la grippe*] est objet de *affirmer*, c'est une complétive conjonctive pure).

• Les subordonnées circonstancielles ne sont pas indispensables au sens de la phrase et sont supprimables.

Ex. : *Eurydice est partie [pendant que tu dormais]* (on pourrait placer la circonstancielle de temps au début de la phrase).

• Les subordonnées de comparaison et de conséquence sont annoncées dans la proposition principale par un adverbe ou un adjectif.

Ex. : *Ignace été aussi charmant [qu'on le dit]* (la comparaison est annoncée par l'adverbe *aussi*).

Tom a une telle faim [qu'il mangerait tout le gigot] (la conséquence est annoncée par l'adjectif *telle*).

2. a. *Irons-nous au cinéma ?* b. *Quels sont ses droits ?* c. *Qui est Gaston ?*

Le fait de transformer l'interrogation indirecte en interrogation directe permet de vérifier que c'est bien une interrogative. La transformation se caractérise par l'inversion du sujet : *Irons-nous au cinéma ?*

On observe que l'interrogation directe utilise les mêmes mots interrogatifs que l'interrogation indirecte : *Quand sera-t-il temps de parler ?* (adverbe) ; *Quels sont ses droits ?* (adjectif) ; *Qui est Gaston ?* (pronom).

ATTENTION ! • Lorsque l'interrogation indirecte est introduite par *si*, il n'y a aucun mot interrogatif dans l'interrogation directe : *Irons-nous au cinéma ?* • Lorsque le mot interrogatif est le pronom sujet *qui*, il n'y a pas d'inversion du sujet : *Qui est Gaston ?*

3. non. Seules les phrases **a.** et **c.** présentent une subordonnée circonstancielle de comparaison. La phrase **b.** contient un complément circonstanciel de comparaison, la phrase **d.** une subordonnée circonstancielle de cause.

• La subordonnée de comparaison marque un rapprochement entre deux propositions, elle peut marquer l'égalité (*Maud pré-*

pare un tiramisu [*ainsi qu'elle me l'avait promis*]), l'infériorité (*Nous voyagerons* [*moins que vous ne l'espériez*]) ou la supériorité (*Albertine travaille* [*plus que ses professeurs ne l'imaginent*]).
• *Comme* peut aussi introduire une subordonnée circonstancielle de cause. Pour les distinguer, il suffit de changer de conjonction de subordination.

Ex. : [*Comme tu n'arrêtes pas de tricher*], *je quitte la partie* (*comme* = *étant donné que*, subordonnée de cause).

Elle ment [*comme elle respire*] (*comme* = *de même que*, subordonnée de comparaison).

ATTENTION ! Pour parler de subordonnée de comparaison, il faut qu'il y ait un verbe conjugué dans la proposition. Sinon, il s'agira d'un simple complément circonstanciel de comparaison.

Ex. : *Le terrain de golf est plus beau que l'an dernier* (*plus beau que l'an dernier* ne présente pas de verbe conjugué, c'est un complément circonstanciel de comparaison).

4. Dans toutes ces subordonnées complétives conjonctives pures proposées, le subjonctif est obligatoire.

Le subjonctif est obligatoire dans la subordonnée complétive conjonctive pure quand le verbe de la principale :
• exprime le désir, la volonté ou le souhait : *Le conseil municipal souhaite [que tu vides les lieux] ; Henri veut [que tous les patins à glace soient classés par pointure]* ;
• exprime l'obligation : *Il faut, il est indispensable* ;
• exprime l'incertitude : *Il est possible [que le temps tourne]* ;
• est nié : *Je ne crois pas* [*que le jeu en vaille la chandelle*] (on peut le vérifier en supprimant la négation : *Je crois* [*que le jeu en vaut la chandelle*]).

ATTENTION ! Dans tous les autres cas, les verbes des complétives conjonctives pures sont à l'indicatif.

Ex. : *Il prétend [que le vert est une couleur à éviter au théâtre]*.

5. a. nous n'*oserons* pas sauter à l'élastique. b. on les *appelle*. c. tous les éléphants *ont été lavés*. d. la garde républicaine *défile*.

La concordance des temps s'exerce dans les subordonnées essentielles et circonstancielles.

Ex. : *Tu crois* [*que nous n'oserons pas sauter à l'élastique*] (subordonnée essentielle complétive conjonctive pure).

Ils attendent [*jusqu'à ce qu'on les appelle*] (subordonnée circonstancielle de temps).

• Le verbe de la subordonnée peut exprimer l'antériorité par rapport à la principale.

Ex. : *Il prétend [que tous les éléphants ont été lavés aujourd'hui].*

• Il peut exprimer la simultanéité.

Ex. : *La foule se tait [pendant que la garde républicaine défile].*

• Il peut exprimer la postériorité.

Ex. : *Ils attendent [jusqu'à ce qu'on les appelle].*

ATTENTION ! • Le conditionnel exprime souvent la postériorité dans un texte au passé : *Tu croyais [que nous n'oserions pas sauter]*. Dans un texte au présent, ce serait un futur : *Tu crois [que nous n'oserons pas sauter]*. Parfois, le conditionnel exprime un irréel. Il ne sera pas modifié dans une concordance au présent : *Tu croyais [que nous n'oserions pas sauter]* → *Tu crois [que nous n'oserions pas sauter]*.

6. a. et **b.** La phrase **c.** comporte une circonstancielle de comparaison et la phrase **d.** ne contient pas de subordonnée circonstancielle.

• *Olaf est tellement exigeant [qu'il n'est jamais satisfait]* (la conséquence est annoncée par l'adverbe *tellement* et établit un lien logique fort entre l'exigence d'Olaf et son insatisfaction).

• *Nous déménageons demain [si bien que tu pourras t'installer]* (la conséquence est introduite par la conjonction *si bien que* dont on ne sépare pas les éléments, on pourrait la remplacer par *de telle sorte que*).

• *La maison est aussi impressionnante [que vous me l'aviez décrite]* (la comparaison est annoncée par l'adverbe *aussi*, elle établit un rapprochement entre la description de la maison et la découverte de cette maison).

• Dans la subordonnée de conséquence il y a un verbe, sinon c'est un simple complément circonstanciel de comparaison : *Jakob est toujours si gentil avec nous* (CC de comparaison, une seule proposition dans laquelle *si* est l'adverbe modifiant l'adjectif *gentil*).

7. a. Les fils de Sybille comprendront *quand* les poules auront des dents. b. Nous nous débrouillons tout seuls *parce que* personne ne nous aide.

• *Simon est un grand sportif [alors que Winston déteste le sport]* (il y a une opposition entre les propositions, la subordonnée de concession peut aussi être introduite par *tandis que*).

• *Les fils de Sybille comprendront [quand les poules auront des dents]* (la subordonnée de temps introduite par *quand* marque

la simultanéité par rapport à la principale ; les conjonctions *dès que* et *aussitôt que* auraient pu être utilisées).
• *Nous nous débrouillons tout seuls* [*parce que personne ne nous aide*] (la subordonnée de cause introduit la raison de la première proposition ; la conjonction *étant donné que* pourrait remplacer *parce que*. *Puisque* serait plus polémique car il insinuerait que ce n'est pas la vraie raison).

8. a. que tu *viennes*. b. Bien que tu *n'aies* pas. c. se demande *ce que*.
Ce sont des erreurs de modes ou de mot.
• Le subjonctif est obligatoire dans :
– la subordonnée complétive conjonctive si le verbe introducteur marque l'obligation.
Ex. : *Il ne faut pas* [*que tu viennes avec ton sandwich !*]
– la subordonnée d'opposition introduite par *bien que*.
Ex. : [*Bien que tu n'aies pas menti*], *les policiers ne te croient pas.*
• Il ne faut pas utiliser *qu'est-ce que* dans une subordonnée interrogative indirecte mais *ce que*.
Ex. : *Isild se demande* [*ce que la vie lui réserve*].

9. b. La phrase **a.** est une subordonnée complétive conjonctive pure.
Le verbe *savoir* présente la particularité d'exprimer une certitude ou de laisser planer un doute. Il est suivi de la conjonction de subordination *que* ou *si*.
• Si *savoir* est suivi de la subordonnée complétive conjonctive pure, il pose le fait.
Ex. : *Tout le pays sait* [*que la guerre a été déclarée*] (la guerre est déclarée de manière certaine).
• Si *savoir* est suivi de la subordonnée interrogative indirecte, il interroge sur le fait.
Ex. : *Tout le pays sait* [*si la guerre a été déclarée*] (on se demande si la déclaration de guerre est effective, il y a encore une incertitude ; on pourrait ajouter « ou non »).

10. a. *puissions*. b. *fût*. c. *fît*.
Tous les verbes respectent la règle de concordance des temps dans une subordonnée au subjonctif.
• Lorsque le verbe principal est au présent, on marque la simultanéité en utilisant le subjonctif présent dans la subordonnée.
Ex. : *Dépêche-toi un peu* [*pour que nous puissions partir à l'heure*].

• Lorsque le verbe principal est au passé, on marque la simultanéité en utilisant le subjonctif imparfait.

Ex. : [*Bien qu'il fût d'un naturel placide*], *il se mettait parfois en colère.*

• Il ne faut pas oublier l'accent circonflexe caractéristique du subjonctif imparfait.

Ex. : *Edwige voulait* [*que Jean fît un effort avec Mme Jeaume*] (ne confondez pas le subjonctif présent *fasse* avec le subjonctif imparfait *fît*).

11. Il faut écrire : **a. *eût.* b. *es parti.* c. *fut.***

• La conjonction *avant que* introduit un fait postérieur à la principale, il faut utiliser le subjonctif car sa réalisation n'est pas sûre.

Ex. : *Martin répandit la nouvelle* [*avant qu'il n'en eût la confirmation*] (Martin est imprudent : il n'a pas la confirmation de la nouvelle au moment où il la répand).

• Les conjonctions *après que* et *quand* expriment un fait antérieur à la principale, l'indicatif marque que cette réalisation est effective.

Ex. : *La patrouille de gendarmerie est passée* [*après que tu es parti*] (le départ est antérieur à l'arrivée des gendarmes).

• [*Quand il fut embauché*], *Peter acheta une nouvelle voiture* (le nouvel emploi de Peter lui a permis d'acheter une voiture).

12. a. circonstancielle de but. b. circonstancielle de condition. c. pas de subordonnée. d. complétive conjonctive pure.

Toutes les subordonnées proposées présentent un verbe au subjonctif.

• *Parle plus fort* [*que Landry soit alerté des dangers courus*] (circonstancielle de but : *que* remplace *pour que* lorsque le verbe principal est à l'impératif).

• [*Si Fortunio considère la situation*] *et* [*que tu le fasses aussi*], *ce sera parfait* (circonstancielle de condition, *que* remplace *si* : le subjonctif se substitue à l'indicatif pour exprimer la supposition).

• *Que Claudio n'apporte pas trop de sucreries !* (ce n'est pas une subordonnée car il n'y a qu'un seul verbe : *que* n'a pas de fonction syntaxique, il accompagne le subjonctif de souhait).

• *Il faut* [*que tu remplaces la vitre brisée par la tempête*] (complétive conjonctive pure au subjonctif car le verbe introducteur exprime la volonté).

12

Tous ceux qui tombent [1]

Les subordonnées relatives

La subordonnée relative ne dépend pas d'un verbe mais d'un nom appelé « antécédent ». Elle fonctionne comme un adjectif par rapport à cet antécédent, elle peut être essentielle ou circonstancielle.

La subordonnée relative est essentielle quand elle apporte une information caractéristique de l'antécédent.

Ex. : *Les tableaux* [*qu'Héloïse peint*] *ont toujours du succès* (la relative permet de préciser les tableaux dont on parle).

Si cette information est secondaire, la subordonnée relative est souvent entre virgules. Elle est considérée comme circonstancielle de temps, de cause...

Ex. : *Le chauffeur,* [*qui était ivre*]*, rata son virage* (relative circonstancielle de cause).

Quand il n'y a pas d'antécédent, la relative a une valeur plus générale.

Ex. : [*Qui dort*] *dîne* (*Qui dort* a le sens de « toute personne qui dort »).

1. Les pronoms relatifs *qui, que* et *quoi* sont invariables contrairement aux pronoms *lequel, laquelle, lesquels, lesquelles*. Amusez-vous à changer les pronoms invariables en pronoms variables dans ces phrases.

a. Les personnes *pour qui* vous travaillez sont inflexibles.
b. La femme *à qui* tu as parlé est cantatrice.
c. Mathieu, *sur qui* je fonde beaucoup d'espoirs, a dix-huit ans.

1. Pièce de Samuel Beckett, auteur irlandais de langue française du XXe siècle, prix Nobel de littérature en 1969.

2. *Dont* est un pronom relatif qui suscite beaucoup de fautes. Corrigez les phrases suivantes.
a. Chimène, *[dont son père a été assassiné]*, ne peut se marier avec Rodrigue.
b. Sidonie est la seule *[dont je me rappelle avec précision]*.
c. Les héroïnes de tragédie, *[dont nous en parlons]*, sont exemplaires.

3. Il ne faut pas confondre la conjonction de subordination *quoique* et *quoi... que* qui contient le pronom relatif *quoi*. Complétez les phrases ci-dessous avec les formes qui conviennent.
a. [...... Virginia Woolf soit reconnue], elle me paraît sous-estimée.
b. [...... Virginia Woolf ait écrit sur elle-même], vous ne la connaîtrez jamais vraiment.

4. Les pronoms relatifs *qui, que, quoi* ont les mêmes formes que :
❒ les pronoms indéfinis
❒ les pronoms interrogatifs
❒ les pronoms démonstratifs

5. Le pronom *lequel* est source de beaucoup d'erreurs car il est variable et change de forme avec certaines prépositions. À vous de corriger les phrases suivantes :
a. Les théories [sur *lesquels* je m'appuie] sont connues.
b. Attention à ces supporters [*auquel* tu as signé un autographe].
c. Les footballeurs ont obtenu une victoire [*auquel* ils ne s'attendaient pas].

6. Le pronom *où* et la conjonction *ou* ne se différencient que par l'accent grave. Distinguez-les dans ces phrases et faites les corrections nécessaires.
a. Il faut choisir : la montagne *où* la mer.
b. La troupe va finir sa tournée dans la ville *où* tu habites.
c. Ils se tiennent à l'endroit *ou* je leur ai conseillé de se cacher *ou* non ?

7. Les pronoms relatifs de forme simple (*qui, que, quoi*) ne tiennent compte ni du genre ni du nombre de l'antécédent. Rétablissez les bons accords dans ces phrases.
a. Les voisins qui [*habite* au deuxième] vont déménager.

b. Toi qui [*est* grand], attrape cette boîte.
c. Nous, les lecteurs [qui *ont* de la mémoire], nous nous entraînons.
d. Il m'a raconté des histoires [qu'*il avait inventé*].
e. Je m'appelle Jeanne, moi [que *tu as ignoré*].

8. Les subordonnées relatives sont plutôt à l'indicatif, mais parfois il est possible d'utiliser le subjonctif. Les phrases suivantes n'ont pas le même mode mais ont-elles le même sens ?
a. Cet avocat cherche un associé [qui sache le chinois].
b. Cet avocat cherche un associé [qui sait le chinois].
❒ oui ❒ non

9. Distinguez les subordonnées relatives essentielles et circonstancielles dans ces exemples.
a. Le croupier, *[qui était distrait]*, a fait tomber une carte.
b. Mme Carnota, *[qui est en vacances]*, a fermé sa boutique.
c. Le parapluie *[que tu m'as donné]* est très pratique.
d. Les enfants *[qui ont fini leur exercice]* peuvent sortir.

10. On confond parfois les subordonnées relatives et les subordonnées interrogatives indirectes qui sont introduites par les mêmes mots : *qui, que, quoi, ce qui, ce que.* Distinguez-les dans les exemples suivants.
a. Vous ignorez [à *qui* vous parlez].
b. Faites [*ce que* je vous dis].
c. Les invités [*qui* se sont perdus] ont eu une heure de retard.
d. Il se demandait [*ce qui* se passait chez sa sœur].

11. Vous distinguerez les modes indicatif et subjonctif dans ces subordonnées relatives.
a. Nous étions sous l'arbre *[qui reçut la foudre]*.
b. Mariel est la seule amie *[qui ait un père comédien]*.
c. Il a engagé le ventriloque le plus doué *[qu'il connaisse]*.

12. Dans quelle phrase *où* introduit-il une relative ?
a. Ils ont construit un supermarché dans le grand pré *où* nous jouions enfants.
b. Les locataires ignoraient *où* le compteur électrique se trouvait.
c. Garçon ! *Où* avez-vous mis l'addition ?

Réponses

1. a. pour *lesquelles*. b. à *laquelle*. c. sur *lequel*.
Il faut toujours veiller à modifier les deux éléments du pronom variable : *les-quelles, la-quelle*. Le pronom invariable *qui* donne un sens plus général à la phrase que le pronom *lequel*.

2. Les formes correctes sont : **a. *dont le père*. b. *que je me rappelle*. c. *dont nous parlons*.**
Dont a la particularité de pouvoir reprendre un nom précédé de la préposition *de*. On ne peut pas l'utiliser avec les mots qui intègrent aussi la préposition *de*.
• *Dont* est incompatible avec :
– le pronom personnel *son*. On doit écrire : *Chimène,* [*dont le père a été assassiné*], *ne peut se marier avec Rodrigue* (l'article défini *le* remplace l'adjectif possessif *son*).
– le verbe *se rappeler*, car il se construit avec un COD et non un COI. On doit écrire : *Sidonie est la seule* [*que je me rappelle avec précision*].
– le pronom personnel *en*. On doit écrire : *Les héroïnes de tragédie,* [*dont nous parlons*], *sont exemplaires* (le pronom *en* n'est jamais utilisé avec *dont*).
ATTENTION ! Ne confondez pas les verbes *se souvenir* et *se rappeler*. On doit dire : *dont je me souviens* car on se souvient « de quelque chose », mais *que je me rappelle* car on se rappelle « quelque chose ».

3. a. *Quoique*. b. *quoi que*.
• Les conjonctions de subordination *quoique* et *bien que* sont interchangeables.
[*Bien que Virginia Woolf soit reconnue*], *elle me paraît sous-estimée* (la conjonction est un simple outil syntaxique qui introduit la subordonnée d'opposition).
• *Quelle que soit... que* et le pronom *quoi que* peuvent être remplacés l'un par l'autre.

Ex. : [*Quelle que soit la chose / Quoi que soit la chose que Virginia Woolf ait écrite sur elle-même*], *vous ne la connaîtrez jamais vraiment* (le pronom *quoi* a la fonction d'un nom : il est complément d'objet du verbe *écrire*).

4. les pronoms interrogatifs.
• Les pronoms interrogatifs et relatifs ont les mêmes formes : *qui, que, que, lequel, laquelle...*
• Les pronoms indéfinis ont les formes : *tout, nul, chacun...*

• Les pronoms démonstratifs ont les formes : *celui, celle, ce, celui-ci, cela...*

5. a. sur *lesquelles*. b. *auxquels*. c. *à laquelle*.
Le pronom relatif de forme composée s'accorde en genre et en nombre avec l'antécédent. Il présente quatre formes : *laquelle, lequel, lesquelles* et *lesquels.*

Ex. : *Les théories* [*sur lesquelles je m'appuie*] *sont connues.*

• Les prépositions *à* et *de* peuvent se combiner au pronom : *auquel, auxquels, auxquelles* et *duquel, desquels, desquelles.*

Ex. : *Attention à ces supporters* [*auxquels tu as signé un autographe*].

Les footballeurs ont obtenu une victoire [*à laquelle ils ne s'attendaient pas*].

ATTENTION ! Le pronom de forme féminine *laquelle* ne se combine à aucune préposition au singulier : *à laquelle, de laquelle.*

6. Les formes correctes sont : **a. *ou*. c. l'endroit *où***.
• La conjonction *ou* peut être remplacée par « ou bien », elle marque un choix entre deux possibilités : *la montagne ou bien la mer.*
• Le pronom *où* complète un antécédent et pourrait être remplacé par *dans lequel* car il désigne un lieu dont on précise la localisation : *dans la ville* [*dans laquelle tu habites*].
ATTENTION ! L'adverbe interrogatif *où* s'écrit comme le pronom relatif mais il ne complète pas un nom. Il permet de poser une question directe : *Où êtes-vous ?* Il est aussi utilisé dans l'interrogation indirecte : *Je me demande* [*où vous êtes*].

7. a. qui *habitent*. b. qui *es*. c. qui *avons*. d. qu'*il avait inventées*. e. que *tu as ignorée*.
Il faut respecter les règles d'accord du sujet avec *qui* si l'antécédent est au pluriel : *Les voisins* [*qui habitent*] ou un pronom personnel : *Toi* [*qui es*], *nous* [*qui avons*].
• Il faut appliquer les règles d'accord de l'auxiliaire *avoir* avec *que* : *Jeanne* [*que tu as ignorée*] ; *les histoires* [*qu'il avait inventées*].

8. non. Dans la phrase **a.** l'avocat a un doute, dans la phrase **b.** l'avocat n'a pas de doute.
La différence de mode dans la relative nuance le sens de la phrase.

Ex. : *Cet avocat cherche un associé* [*qui sache le chinois*] (le subjonctif indique que l'avocat n'est pas sûr de trouver cet associé, cette recherche lui semble difficile).

Ex. : *Cet avocat cherche un associé* [*qui sait le chinois*] (l'indicatif fait de cette quête une certitude, l'avocat est certain de trouver prochainement cet associé).

9. a. circonstancielle. b. circonstancielle. c. essentielle. d. essentielle.

• La subordonnée relative essentielle permet de préciser l'antécédent pour le distinguer d'autres éléments, on dit qu'elle est « déterminative ».

Ex. : *Le parapluie* [*que tu m'as donné*] *est très pratique* (*celui que tu m'as donné* et non un parapluie quelconque).

• La subordonnée relative circonstancielle est placée entre virgules et pourrait être supprimée, on dit qu'elle est « explicative ». Il est possible d'y insérer « dit-on » pour mettre en valeur cette valeur secondaire.

Ex. : *Le croupier,* [*qui était distrait*]*, a fait tomber une carte* (la relative explicative est entre virgules et a une valeur causale).

Mme Carnota, [*qui est en vacances*]*, a fermé sa boutique* (lorsque l'antécédent est un nom propre, la relative est toujours explicative).

ATTENTION ! Certaines subordonnées relatives peuvent être déterminatives ou explicatives selon l'intonation (à l'oral) ou les virgules (à l'écrit).

Ex. : *Les enfants* [*qui ont fini*] *leur exercice peuvent sortir* (relative déterminative car seuls les enfants qui ont fini l'exercice auront la permission de sortir).

Les enfants, [*qui ont fini leur exercice*]*, peuvent sortir* (relative explicative car ce ne sont pas exclusivement les enfants qui ont fini l'exercice qui peuvent sortir. On peut envisager d'autres possibilités : ceux qui ont été sages, ceux qui le finiront plus tard...).

10. a. interrogative indirecte. b. relative. c. relative. d. interrogative indirecte.

Lorsque les subordonnées sont introduites par *qui, que* ou *quoi* il faut toujours se demander s'il s'agit d'une subordonnée relative ou interrogative indirecte. Leur fonctionnement est très différent :

• Les relatives complètent un nom : *Les invités* [*qui se sont perdus*].

• Les interrogatives complètent un verbe : *Vous ignorez* [*à qui vous parlez*].

ATTENTION ! Les subordonnées introduites par *ce que* et *ce qui* complètent toutes le verbe principal. On ne distingue les relatives des interrogatives indirectes que par le sens de ce verbe.

Ex. : *Faites* [*ce que je vous dis*] (*faire* n'a pas de sens interrogatif, c'est une relative).

Il se demandait [*ce qui se passait*] (*se demander* a un sens interrogatif, c'est une interrogative indirecte).

11. a. indicatif passé simple. **b. subjonctif** présent. **c. subjonctif** présent.

• L'indicatif est le mode le plus fréquent dans les subordonnées relatives.

Ex. : *Nous étions sous l'arbre* [*qui reçut la foudre*].

• Le subjonctif est obligatoire dans les propositions relatives lorsque l'antécédent est qualifié par les adjectifs *seul, unique* : *Mariel est la seule amie* [*qui ait un père comédien*] ou accompagné d'un adjectif précédé de l'expression superlative *la plus / le plus* : *Il a engagé le ventriloque le plus doué* [*qu'il connaisse*].

12. a. La phrase **b.** est une subordonnée interrogative indirecte. La phrase **c.** ne comporte pas de subordonnée.

• *Où* introduit une subordonnée relative s'il dépend d'un nom, l'antécédent.

Ex. : *Ils ont construit un supermarché dans le grand pré* [*où nous jouions enfants*] (cette relative est une subordonnée essentielle).

• *Où* introduit une subordonnée interrogative indirecte s'il dépend d'un verbe.

Ex : *Les locataires ignoraient* [*où le compteur électrique se trouvait*] (cette interrogative indirecte est une subordonnée essentielle).

• Lorsque *où* ne dépend ni d'un verbe ni d'un nom, c'est un adverbe interrogatif qui introduit une interrogation directe.

Ex. : *Garçon ! Où avez-vous mis l'addition ?*

Bibliographie

ARRIVÉ, Michel, GADET, Françoise, GALMICHE, Michel, *La grammaire d'aujourd'hui. Guide alphabétique de linguistique française,* Flammarion, 1986.

BESCHERELLE, *La conjugaison pour tous*, Hatier, 1997.

BLED, Édouard et Odette, *Bled. Orthographe-Grammaire*, nouvelle édition D. Berlion, Hachette, 2007.

CHEVALIER, Jean-Claude, BLANCHE-BENVENISTE, Claire, ARRIVÉ, Michel, PEYTARD, Jean, *Grammaire Larousse du français contemporain*, Larousse, 1964.

GREVISSE, Maurice, *Le bon usage,* Gembloux / Duculot, 13e édition, revue par André Goosse, 1993.

GREVISSE, Maurice, GOOSSE, André, *Nouvelle grammaire française,* Gembloux / Duculot, 3e édition, 1995.

HALBA, Eve-Marie, *Petite grammaire française*, Ellipses, 2002.

—, *Petit manuel de stylistique*, De Boeck-Duculot, 2008.

—, *Recettes d'orthographe et d'expression*, Ellipses, 2009.

HAMON, Albert, *Cours de grammaire pour tous*, Hachette, 1995.

HUCHON, Mireille, *Encyclopédie de l'orthographe et de la conjugaison*, Le Livre de Poche, 1997.

WAGNER, Robert Léon, PINCHON, Jacqueline, *Grammaire du français classique et moderne*, Hachette, 1962.

Librio

950

Composition PCA – 44400 Rezé
Achevé d'imprimer en Italie par Grafica Veneta
en janvier 2010 pour le compte de E.J.L.
87, quai Panhard-et-Levassor, 75013 Paris
Dépôt légal janvier 2010
EAN 9782290021255

Diffusion France et étranger : Flammarion